1. Auflage, November 2013

Kaiserdamm 80/81
14057 Berlin

Redaktion: Dorothee Hackenberg, radioeins
Lektorat: Philip Meinhold, radioeins

Art Direction / Design: Thekla Heinicke
www.theklaheinicke.com

Druck: H. Heenemann GmbH & Co. KG, Berlin
Bindung: Bruno Helm Buchbinderei, Berlin

Wir danken allen Autoren und radioeins Hörern für die zahlreichen Einsendungen
und dem Colorclub Berlin Treptow für die Unterstützung der Aktion.

www.radioeins.de

Werde Fan: www.facebook.com/radioeins
Produkte rund um radioeins finden Sie unter
www.radioeins-shop.de

ISBN 978-3-00-044059-5

MIX
Papier aus verantwortungsvollen Quellen
FSC® C020935

ZUM GLÜCK

SEITE

SEITE

SEITE

SEITE

EDITORIAL

Glück ist mehr als Glücksklee, Hufeisen und Schornsteinfeger. Glück gehabt, sagen Menschen, die um ein Haar verunglückt wären. Andere denken bei diesem Wort an die große Liebe, an die Erfüllung eines Lebenstraums oder schlicht an Geld. Jeder hat eine Beziehung zum Glück, auch wenn nicht jeder glücklich ist. Das vorliegende Buch versammelt Glücksgeschichten von Moderatoren, Kolumnisten und Hörern von radioeins vom Rundfunk Berlin Brandenburg (rbb). Unser Programmchef Robert Skuppin hatte die Idee: „Was gibt es Schöneres, als gemeinsam mit den Hörerinnen und Hörern ein Buch zu schreiben?" Die Resonanz war riesig: Es gab über tausend kurze und lange Einsendungen.

„Mein Glück ist, wenn ich tagelang genüsslich im Unglück bade und dann endlich beschließe, mich abzutrocknen", schreibt radioeins Hörerin Stefanie Wittich. Lea Streisand findet: „Glück ist Ostsee, wo es nichts zu sehen gibt, und man doch immer nur guckt." Die Klasse 8b der Berliner Beethoven-Oberschule hat sich darauf geeinigt: „Glück ist für uns – die Schulcafeteria, unsere Familien, unsere Musik, Unterrichtsschluss, unsere Freunde, unser Können, unsere Klasse!" Bastian Klamke, Krankenpfleger und radioeins Hörer, schickte einen Cartoon.
In nur drei Wochen entstand das Buch. Angesichts dieser Herausforderung winkten herkömmliche Verlage ab, so stemmte die radioeins Redaktion in Zusammenarbeit mit der rbb media allein das Projekt. Eine Menge Mehrarbeit und ganz neue Betätigungsfelder für Radioredakteure: Texte auswählen, sortieren, lektorieren und korrigieren. Wie soll das Cover aussehen? Können wir uns auch ökozertifziertes Papier leisten? Und wem spenden wir einen Euro vom Verkaufserlös? (Dem Verein SOZIALHELDEN e.V.)

Das Ergebnis ist eine Anthologie mit ganz unterschiedlichen Texten: poetisch und prosaisch, sentimental und surreal, lustig und literarisch. Wer über Glück schreibt, verrät viel von sich. Wer hätte gedacht, dass der Publizist Friedrich Küppersbusch Glückscents hortet, um sie gesammelt weiterzuverschenken. Dass radioeins Moderator Volker Wieprecht sich selbst als „gierigen Menschen" bezeichnet, dem alles widerstrebe, was „leer", also nicht bedeutsam ist. Und dass der Genuss von glücklich machender Schokolade die Autorin Tanja Dückers in einen Alphazustand versetzt, der „ein Schweben des Geistes" bei ihr hervorruft. Wem das zu esoterisch klingt, erfreut sich an der Unterhaltung von Horst Evers mit seinem „Glücksbrötchen", einem altbackenen Brötchen, zu schade zum Wegschmeißen und gerade deshalb ein unverzichtbarer Begleiter in allen Lebenslagen. Auch thematisch ist das Buch breit aufgestellt und gibt Hinweise, wie man mit alten Autos, Lucky Luke-Heften oder jeder einzelnen Niederlage des FC Bayern sein Glück finden kann. Die Pophistoriker unter den Autoren offenbaren, wie sie mit Deep Purple den Soundtrack des Lebens gefunden haben oder James Blake zuhören, der vom Unglück erzählt und gerade deshalb glücklich macht. Überhaupt das Unglück. Auch ihm gebührt angemessene Beachtung. Euphorische Triumphe können ermüden, meint Harald Martenstein. Er will sich auch mal ärgern und wütend sein dürfen. Dann erlebt er das wahre Glück: „Schön, wenn der Schmerz nachlässt".

Wir würden uns freuen, wenn beim Umblättern der Seiten auch bei Ihnen etwas entsteht: Leseglück.

Dorothee Hackenberg & Philip Meinhold

LIEBE RADIOEINS HÖRER UND GLÜCKSBUCH-SCHREIBER!

ECKART VON HIRSCHHAUSEN
Komiker, Moderator und Autor
(Foto: © Frank Eidel)

Was für eine großartige Idee, alle Berliner und Brandenburger mal zu etwas Positivem zu befragen! Der Berliner ist ja eigentlich sehr freundlich – er sieht nur nicht immer die Gelegenheit dazu. Neulich komme ich gut gelaunt ins Reisebüro, frage: „Wohin kann ich am billigsten fliegen?" „Uff die Fresse!" Schnauze mit Herz? Oder Klischee?

Alle Menschen streben nach dem Glück. Und jeder weiß etwas darüber, wie man es erreicht, wo man es finden und wieder verlieren kann. Die Idee, die „Weisheit der Vielen" in einem Buch zusammenzufassen, bildet für mich eines der Highlights der ARD-Themenwoche „Zum Glück". Und als ich gefragt wurde, ob ich etwas beitragen möchte, sagte ich sofort zu. (Das darf ich als Fernseh-Nase eigentlich gar nicht laut sagen, aber Radiohörer sind glücklicher als Fernsehzuschauer ... Das hat damit zu tun, dass man beim Hören mehr im Kopf ergänzt und dadurch auch mehr hängenbleibt.) Ich selber bin am glücklichsten, wenn ich meine Hörer sehe und nicht meine Seher mich hören. Deshalb gehe ich am liebsten auf die Bühne und habe live am meisten Spaß. Im direkten Kontakt mit dem Publikum bin ich in meinem Element und froh, dass ich „mein Ding" gefunden habe und fühle mich wie ein Pinguin im Wasser.

Im Herzen bin ich aber immer Arzt geblieben, und deshalb finde ich es so spannend, dass positive Gefühle gesund sind und ansteckend. Und deshalb geht unser Glück auch uns alle an. Wer sich für andere Menschen engagiert, wird mit bis zu sieben Jahre längerem Leben belohnt. Kein Medikament der Welt ist so wirksam wie ein positiver Lebensstil. Und das Gegenteil von Glück ist nicht Unglück, sondern Depression, die emotionale Nulllinie. Die ist behandelbar und zum Teil auch zu verhindern durch Änderungen im Denken und Tun. Was Menschen krank macht, sind oft nicht die Krisen. In denen wachsen wir oft über uns hinaus.

Viel anstrengender ist das tägliche stressige „Klein-Klein". Viele Krankheiten wie Burnout, „Rücken" und Übergewicht hängen mit unserer Stimmung eng zusammen. Wir Deutschen können ein bisschen mehr Zufriedenheit und Liebe brauchen. Wir sind eines der reichsten Länder der Erde, aber im Glücksranking nur Platz 26. Mit diesem Buch wird jetzt kein Ruck durchs Land gehen, aber ein kleines Lächeln durch die Hauptstadt – ist doch schon mal was!

Mit Glückstipps ist es so ähnlich wie mit Diätratgebern. Wenn etwas wirklich für alle funktionieren würde, wäre der Markt nicht voll davon! Wenn es eine Glücksformel gibt, dann die, dass Glück sich nicht auf eine Formel bringen lässt. Aber auf viele! Einfach loslesen, lachen, rumspinnen, sich inspirieren lassen und ausprobieren. Und querdenken.

Stellen Sie sich vor, Sie selbst wären das Glück. Würden Sie dann gerne bei sich vorbeikommen? Die Perspektive umzudrehen überrascht. Automatisch fällt uns vieles ein, was wir tun können, um dem Glück eine Freude zu machen, damit es eher zu uns kommt. Und in welchen Ecken unseres Lebens wir besser noch aufräumen, für den Fall, dass das Glück über Nacht bleiben will.

Die Ergebnisse der Glücksforscher widersprechen oft unseren intuitiven Annahmen: Schönheit macht oft traurig und lange Ladenöffnungszeiten unzufrieden. Viele alte Freunde machen glücklicher als Familie und Kinder. Und die Jugend ist nicht die schönste Zeit. Das Beste, was dieses Buch erreichen kann: Sie ändern gar nichts in Ihrem Leben, fühlen sich aber besser damit. Vielleicht haben Sie gute Gründe, genauso zu sein, wie Sie sind, von denen wir beide keine Ahnung haben.

Eine alte Autorenweisheit sagt: Was du verstehst, setzt du für dich um. Was du nicht verstehst, gibst du als Ratschlag an andere weiter. In diesem Sinne, uns allen

Viel Glück!

Ihr Eckart von Hirschhausen

PS: Wer Lust hat, an dem Thema dran zu bleiben und ausprobieren möchte, ob man lernen kann, glücklicher zu sein, findet auf www.Glueck-kommt-selten-allein.de ein kostenloses Online-Training mit Geld-zurück-Garantie ;-)

SIEBEN DINGE ÜBER DAS GLÜCK, DIE SIE NIE WISSEN WOLLTEN, ABER EIGENTLICH SCHON WISSEN

ECKART VON HIRSCHHAUSEN
Komiker, Moderator und Autor

1. Menschen sind gerne unglücklich.
Davon kann jeder Arzt berichten: Hypochonder zum Beispiel – denen geht es nicht gut, wenn es ihnen gutgeht. Masochisten tut es weh, wenn es nicht weh tut. Singles fehlt der Partner. Wozu? Na, zum Glück! Offenbar lieben wir Schmerz, der nachlässt, mehr als neutrale Gefühle. Das erklärt auch, warum Frauen so gerne Schuhe kaufen, die einen Tick zu eng sind – für den kontrollierbaren Glücksmoment am Abend, wenn der Schmerz beim Ausziehen nachlässt.

2. Wir sind nicht auf der Erde, um glücklich zu sein.
Das Ziel der Evolution war immer: Überleben. Wenn Sie diesen Text hier lesen, hat Ihr Hirn seinen Job erfüllt! Glücksmomente sollen uns antreiben, unsere Überlebenschancen zu verbessern. Deshalb macht Essen Spaß. Deshalb macht Sex Spaß. (Einige erinnern sich.) Aber auf Dauer glücklich sein? Nein – das wäre der Tod! Die Urmenschen, die nach Mammutsteak und Orgie glücklich über die Wiese liefen, hat der Säbelzahntiger gefressen. Von denen stammen wir nicht ab. Wir überleben, weil Glück vorbeigeht und wir weiter dazulernen. Kein Mensch ist dazu verdammt, dauerhaft glücklich zu sein. Das ist eine frohe Botschaft.

3. Kein anderer Mensch ist dafür da, uns glücklich zu machen.
Die romantische Idee, dass es einen Richtigen gibt, den du nur finden musst, dann ist das Glück auf Dauer garantiert, macht seit Jahrhunderten die Menschen nur eins: unglücklich! Mal ehrlich: Wie wahrscheinlich ist es, unter sechs Milliarden Menschen den einzig richtigen zu finden – innerhalb der ersten 80 Lebensjahre? Weil es Perfektion nicht gibt, wir sie aber trotzdem erwarten,

halten wir den Partner, den wir womöglich gerade haben, fest – und suchen heimlich weiter.

4. Shit happens.

Mal bist du die Taube, mal bist du das Denkmal. Glück kommt und geht. Unglück auch. Aber IM Unglück denken wir automatisch: Das bleibt jetzt für immer so. Eine der schönsten Nachrichten aus der Traumaforschung ist, dass über 80 Prozent der Menschen, die brutale Schicksalsschläge erleben, gut damit klarkommen. Es braucht eine Zeit, aber auch ohne therapeutische Intervention sind sie zwei Jahre später nicht dauerhaft beeinträchtigt, oft sogar noch gestärkt. Unfälle, Krankheit, Trennung und Tod sind Teil des Lebens. Es gibt „das Böse“ auf der Welt – warum, weiß Gott oder der Geier. Und ich hoffe inständig, es sind zwei verschiedene Instanzen.

5. Go for bronze!

Wer ist Ihrer Meinung nach glücklicher, Silber- oder Bronzemedaillen-Gewinner? Richtig: Bronze gewinnt! Glückstechnisch. Nicht das Ergebnis macht uns glücklich oder unglücklich – es ist die Bewertung, vor allem die Frage: Mit wem vergleiche ich mich? Mit wem vergleicht sich Silber? Er schielt nach oben und flucht: Drei Hundertstel, und du hättest Gold! Bronze denkt: Drei Hundertstel, und du hättest gar keine Medaille! Bronze ist glücklich, denn er weiß: Richtig doof ist Vierter.

6. Wenn du wirklich was für dich tun willst, tu was für andere.

Wir können uns nicht selbst kitzeln. Denn bevor sich meine Finger an meinen Füßen bewegen, ist mein Hirn vorgewarnt. Es fehlt einfach die Überraschung. Das ist so ähnlich wie beim Sex. Immer nur allein – irgendwann denkst du: Okay – war schön, aber ich hab das jetzt auch kommen sehen. Sinnlichkeit miteinander zu teilen, macht mehr Spaß als allein. Glück auch. Glück kann man sogar weitergeben, ohne es selbst vorher gehabt zu haben! Und das ist nicht nur für Schwaben etwas sehr Attraktives. Glück ist ansteckend. Und jemand anderen glücklich zu machen und glücklich zu sehen, bringt dir viel mehr, als deinen eigenen Bauch zu pinseln. Dafür haben wir sogar Nervenzellen im Kopf, die Spiegelneuronen. Lachen steckt an, also umgib dich mit lebensfrohen Leuten. Lache – und die Welt lacht mit dir. Schnarche, und du schläfst allein!

7. Liebe dich selbst, dann können die anderen dich gernhaben.

Frauen fühlen sich nachweislich schlechter, nachdem sie eine Modezeitschrift durchgeblättert haben. Warum? Weil sie sich vergleichen: „O Gott, ich seh ja gar nicht so aus!“ Was für eine Überraschung.

Das Leben ist ungerecht, aber normal verteilt. Es ist normal, kein Supermodel zu sein. Und unter uns: Ich war schon mit solchen Top-Schönheiten in Talkshows eingeladen. Ich habe die vor und in der Maske gesehen. Und was dort mit denen gemacht wird – dafür kommt jeder Gebrauchtwagenhändler in den Knast! Männer vergleichen sich nicht automatisch mit den Typen aus „Fit for Fun". Wenn sie Zweifel an ihrem Körper haben, gehen sie in die Sauna, schauen sich um und denken: Ach, so schlimm ist es ja doch noch nicht. In der Sauna siehst du Menschen ungeschminkt, so wie Gott sie schuf und wie McDonald's sie formte. Es ist normal, über die Lebensspanne zuzunehmen: Ich habe mal drei Kilo gewogen!
Wie steht eine Frau vor dem Spiegel? Immer in Bewegung. Sie lässt nicht locker, bis sie etwas entdeckt, was nicht perfekt ist. Liebe Frauen, in dem einen Punkt könnt ihr etwas von uns Männern lernen. Wir zerfleischen uns nicht mit Selbstkritik. Wie steht ein Kerl vor dem Spiegel? Frontal, regungslos und kurz. Und nach zwei Sekunden ist er mit sich im Reinen – „passt schon". Mehr will er gar nicht wissen. Natürlich hat ein Mann irgendwann auch einen Bauchansatz. Aber kein Mann ist so doof und dreht sich vor dem Spiegel ins Profil!

Baden

Früher badete mein heute dementer Vater sehr gern. Bis vor einem Jahr hatte er gute Tage, und ich habe es geschafft, ihm in die Badewanne zu helfen. Da saß er dann in seiner Badewanne und in seinem winzigen Bad, und manchmal, wirklich nur manchmal, hat er dann vor sich hin gesummt. Das war ein sehr glücklicher Moment für mich.

Viola Bäcker, radioeins Hörerin

DAS GLÜCKSBRÖTCHEN

HORST EVERS
Autor und Comedian, auf radioeins ist er donnerstags im „Schönen Morgen“ und sonntags in „Zwei auf Eins“ mit „Perlen vor die Säue“ zu hören (Foto: © KIKE)

Dienstagmorgen, 11.00 Uhr. Bin schon seit drei Stunden wach, sitze auf dem Sofa und starre auf meine Liste mit all den Sachen, die ich heute erledigen will. Bin extra um 8 Uhr aufgestanden, um mal alles fertigzukriegen, stattdessen jedoch sitze ich auf dem Sofa, starre auf die Liste und denke nichts anderes als: „Oh Gottegottegott, is das viel Zeugs, das kann man ja gar nicht schaffen, das schafft ja keiner, mannmannmann, du hast aber viel zu tun immer, und das wird auch nich weniger, jetzt biste schon seit 8 Uhr auffe Beine und is immer noch so viel zu tun, jungejungejunge, wie früh sollste denn noch aufstehn?“

Auf der Liste steht nichts, aber auch überhaupt nichts, was mir irgendwie Spaß machen könnte. Überlege auch schon seit drei Stunden, was ich machen könnte, damit ich nichts von der Liste machen muss, ohne deshalb ein schlechtes Gewissen zu haben.

Ich könnte die Bücher im Bücherregal nach Größe sortieren. Das hätte immerhin den Vorteil, dass mir das bestimmt nicht gefallen würde, und ich das nächste Mal, wenn ich wieder vor so einer Liste sitze, sie zurück nach Alphabet sortieren könnte. Das ist prima. Nehme 20 Bücher aus dem Bücherregal, lege sie auf den Boden, verliere die Lust, gehe wieder zum Sofa und schreibe: „Bücher zurück ins Regal räumen“ mit auf die Liste. Puh, jetzt bin ich aber auch kaputt. Wär eigentlich mal Zeit für ne Pause, aber geht nicht, so viel Arbeit wie ich hab.

Das Gewissen macht mir ganz schön zu schaffen, wenn mir nicht sofort was anderes einfällt, muss ich mit der Liste anfangen. Diesen Druck wünscht man seinem schlimmsten Feind nicht. Beschließe erst mal die Liste fein säuberlich am Computer abzutippen. Prima Idee. Das sieht ordentlich aus, gut organisiert, und entlastet das Gewissen, weil: Am Computer sitzen hat immer was von echter Arbeit.

Hey, das geht gut voran. So jetzt ausdrucken, was hamm wir denn da? Ei, die Liste ist ja mann grad nur ne knappe DIN-A4-Seite lang, das ist enttäuschend. Mehr ist das nicht? Na, wolln wir doch mal sehn!
Ich wähle den Schrifttyp zehn Stufen größer, verdoppele den Zeilenabstand und drucke erneut aus. Ha, dreieinhalb Seiten mit lauter Sachen zu erledigen. Boarhh, hab ich viel zu tun. Ich armer Mensch. Und das obwohl ich schon seit vier Stunden schufte wie ein Tier. Mannmannmann, aber ich klage nicht. Ich pack es an. Ich bin eben ein Macher, ein Arbeitstier, ein richtiger Malocher. Jetzt gehts los, aber frag nicht nach Sonnenschein, jetzt ... Das Telefon klingelt. Schade, ich war so dicht dran. Na, kann man nix machen.
- Ja hallo, hier Evers?
- Ja, guten Tag, ist da die Busreisefirma Bussmann?
- Oh nein, da sind Sie falsch ...
- Wir würden gern zwei Plätze buchen, für die Fahrt nach Tirol im September.
- Nee, das geht nicht, Sie sind ...
- Ach, is schon voll? Wir hamm das Prospekt erst heut morgen gekriegt. Das is aber komisch.
- Nee, is nich voll. Is nur ...
- Ja gut, dann zwei Plätze für Scholz.
- Ich hab keinen Bus!
- Wie, das ist ja komisch. Na denn halten Sie sich mal ran, bis September is nich viel Zeit.
- Ich hab auch im September keinen Bus.
- Im Prospekt steht aber Komfortreisebus mit Klimaanlage, WC und Kaffeebar.
- Das hab ich alles nich!
- Kaffeebar muss nich unbedingt.
- Ich hab keinen Bus.
- Naja, vielleicht 'nen kleinen. Gucken Se doch mal.
- Nein.
- Na gut. Is ja nich mein Problem, auf alle Fälle möcht ich zwei Plätze buchen. Nach Tirol.
- Ich fahr nicht nach Tirol.
- Na, ich wollt sowieso lieber nach Schottland, aber meine Frau sagt, lass uns lieber im deutschsprachigen Raum bleiben, da verstehn wir die Leute wenigstens.
- Da wär ich mir nicht so sicher.
- Wo soll ich denn das Geld hin überweisen?
- Nirgendwohin!
- Wie, kost das nix? Das is ja komisch.
- Also gut, wenn Sies nicht anders wollen, das kost 1000 Euro.
- Oi, im Prospekt schreiben Sie aber 199,-.
- Das Angebot galt nur bis 11 Uhr, jetzt kostets 1000 Euro, pro Person.
- Tja, kann man wohl nix machen, wohin muss denn das Geld?
Ich gebe auf, gebe ihm meine Kontonummer, lege auf, gehe zurück zum Computer und schreibe „Busfirma gründen" noch mit auf meine Liste. Mann, die Arbeit hört einfach nicht auf.

Ich rufe Thomas an.

-Hallo Thomas, hier is Horst, kannst du vorbeikommen und mir helfen? Ich muss heute noch 'ne Busfirma gründen ... Was? Warum? Oh, das is 'ne lange Geschichte, komm einfach vorbei und hilf mir. Ja, halb drei wäre gut. Müssen wir aber inner halben Stunde fertig sein, weil um drei hab ich einen wichtigen Termin, da brauch ich Ruhe.
Ich lege auf. Na, hoffentlich ist Thomas pünktlich, wäre blöd, wenn ich die heutige Folge von Raumschiff Voyager verpassen würde.
Beschließe, bis Thomas kommt, mich noch ein wenig mit meinem Glücksbrötchen zu unterhalten. Mein Glücksbrötchen ist vor ungefähr acht Wochen in mein Leben getreten. Damals hatte ich mir vier Brötchen zum Frühstück gekauft, aber nur drei gegessen. Am nächsten Tag kam ich irgendwie nicht so recht zum Frühstücken, am übernächsten nicht mal so richtig zum Aufstehen, gibt solche Tage. Das übrig gebliebene Brötchen wurde mit der Zeit ziemlich oll. Irgendwann wollt ich das dann auch nicht mehr essen. Wegschmeißen mocht ich es auch nicht, immerhin war es ja Brot, also machte ich es schließlich zu meinem Glücksbrötchen. Schien mir das Vernünftigste.
Heute ist es mir richtig ans Herz gewachsen. Ganze Tage sitzen wir manchmal in der Küche und reden über Gott und die Welt. Zwar hat das Brötchen ganz eigene Ansichten über die Schöpfungslehre, hält den Bäckermeister von nebenan für Gott und hegt zeitweise beinah rassistische Vorurteile gegen Vollkornbrot, aber ansonsten ist es wirklich ein feiner Kerl. Wenn wir gemeinsam spazieren gehen, ich ihm ein bisschen die Stadt zeige, dann ist das schon ein herzerwärmender Anblick. Ein Mann und sein Brötchen, was kann es Schöneres, Natürlicheres geben. Klar, hinter unserem Rücken wird oft getuschelt: „Das Brötchen ist doch viel zu jung für den, das geht nicht gut. Irgendwann ist das Brötchen älter, nicht mehr so frisch, er trifft ein hübsches Croissant ... Und dann? Dann steht das Brötchen vor den Krümeln der Beziehung."
Aber unsere Freundschaft ist uns wichtiger als das Gerede der Leute.
Es klingelt. Halb drei. Das ist Thomas. Thomas erklärt mir, dass ich zur Gründung einer Busfirma etwas Grundkapital, eine Gewerbelizenz und Fahrer brauche. Na, das ist ja einfacher, als ich dachte. Trotzdem, irgendwie:
-Sag mal Thomas, meinste nicht, wir haben noch etwas vergessen?
-Nö, wieso? Was denn?
-Busse. Ich glaub, wir brauchen noch Busse.
-Oh verdammt, ja. Busfirma ohne Busse. Das geht nicht lange gut.
-Mist, an irgendner Kleinigkeit scheiterts immer. Mal ist kein Klopapier da, mal hab ich vergessen, Busse zu kaufen. Ich hab einfach Pech.
-Komm Horst, das schaffste schon irgendwie. Sei nicht so faul!
-Hey! Von mir zu verlangen, sei nicht so faul, ist so, als würde man das Wasser bitten, sei nicht so nass! Nee, ich muss das

irgendwie anders regeln, ich ruf die noch mal an.

- Ja, hier bei Scholz.

- Ja, guten Tag, hier ist Ihre Busreisefirma – Kundenservice. Wir wollten nur mal fragen, wie hat Ihnen denn Ihre Busreise gefallen?

- Die Busreise? Hamm wir die denn schon gemacht?

- Na klar! Letztes Jahr. Wissen Sie das denn nicht mehr?

- Nee, jetzt so direkt im Moment. Nee. Moment, ich frag mal meine Frau. Hmhmhm. Nee, meine Frau weiß auch nich. Wie hats uns denn gefallen?

- Ohhh. Prima, ganz prima. Schönes Hotel, gute Luft, viel gewandert, Sie fanden das richtig schön.

- Oh, das freut mich aber, dass uns das gefallen hat, obwohl erinnern, ich hab die Reise doch erst heute Morgen ...

- Ja, die Sache ist die, wir hatten Ihnen versehentlich ein Prospekt vom letzten Jahr zugeschickt. Die Reise war schon. Nun wollten wir Ihnen deshalb nicht den Urlaub verderben und haben Sie einfach noch in die Reise vom letzten Jahr reingenommen. Sie hatten doch Zeit letztes Jahr im September?

- Ja, da hamm wir eigentlich nix gemacht. Warn bisschen langweilig.

- Gucken Se, dann machen Sie doch jetzt einfach die Busreise letztes Jahr im September, dann hamm Sie nicht das Gefühl, Sie hätten damals ihre Zeit verplempert.

- Und dann müssen wir gar nicht mehr die lange Busfahrt machen?

- Nee.

- Das ist ja praktisch. Das ist ja Urlaub völlig ohne Stress!

- Dafür ist unser Unternehmen bekannt. Vor zwei Jahren sind wir übrigens nach Barcelona gefahren. Wollen Sie da auch wieder mit?

- Barcelona? Klingt interessant. Und das is auch wieder schön.

- Ja, die Reise war wunderschön. Das ist ja das Tolle an Reisen, die schon waren, da kann man keine unangenehmen Überraschungen mehr erleben.

- Denn machen wir das doch auch wieder. Die Reise kost auch wieder 1000 Mark?

- Äääh, ja ja. Meine Kontonummer haben Sie ja noch, und ich schick Ihnen dann noch ein paar Prospekte von Tirol und Barcelona zu, damit Sie noch mal sehen können, wie schön Ihre Reisen waren.

Ich lege auf, pfeif auf Raumschiff Voyager, hab jetzt mein eigenes Reiseunternehmen und gehe zum Reisebüro, Prospekte holen. Wenn meine Busreisefirma weiter so gut läuft, kann ich mir vielleicht demnächst sogar einen Bus kaufen.

Als ich wiederkomme, hat Thomas für uns beide gekocht:

- Oh, Schnitzel und sogar paniert. Wusste gar nicht, dass ich noch Paniermehl hatte.

- Hattest Du auch nicht, aber hier lag noch son altes Brötchen rum.

Ein wirklich trauriges Ende.

aus: Horst Evers,
„Die Welt ist nicht immer Freitag", rororo

VON LILLIFEE LERNEN

VOLKER WIEPRECHT
moderiert auf radioeins den Nachmittag und freitags „Die Schöne Woche", veröffentlichte gemeinsam mit Robert Skuppin die Bücher „Das erste Mal", „Das Lexikon der Rituale" und „Das Lexikon der verschwundenen Dinge", alle bei Rowohlt Berlin
(Foto: © Jim Rakete)

„In einem der allerschönsten Momente in meinem ganzen Leben, in dem ich überaus glücklich war, lag ich auf einer großen Blumenwiese, die Sonne schien und gelegentlich blies ein warmer Windhauch. Ein Schmetterling landete plötzlich auf meiner Nase! Das hat vielleicht gekitzelt. Uihuihuih! Und wie bunt seine Flügel waren! Dann kam eine Elster geflogen, ließ einen goldenen Ring fallen, und als ich ihn ansteckte und am Finger drehte, erschien eine wunderschöne Fee und ich hatte drei Wünsche frei. Mit dem ersten wünschte ich mir einen Dauerorgasmus, mit dem zweiten vier Milliarden Euro und zu guter Letzt, in aller Bescheidenheit, eine Flasche mit einem Geist drin, der mir lebenslänglich dienen würde." So sieht wahres Glück aus. Und zwar für Prinzessin Lillifee. Oder ihren Freund, das Schweinchen Pupsi.

In meinen Augen kommt unsere Gesellschaft über diesen Traum vom Glück oft kaum hinaus. Glück, glauben die meisten, sei ein Zustand, in dem besonders schöne Gefühle vorherrschen oder eine Idee dauerhaft verwirklicht ist. Zufriedenheit und Gerechtigkeit sind dabei beliebte Parolen! Im besten Falle stellen sich die behaglichen Zustände überraschend ein; meistens muss nachgeholfen werden. Notfalls gegen andere. Entweder in einem Pfahlbungalow mit Glasboden auf den Malediven, mit politischer oder religiöser Parteinahme oder mit jahrelangen Trainingseinheiten, um die Glückshormone am Ende des Marathons aus den Zellen zu quetschen. Geld ist jedenfalls immer von Vorteil. Und zwar so sehr, dass es zum Selbstzweck wird. Weiß zwar jeder, dass das letztlich nichts bringt, aber die Begierde ist größer als die Vernunft. Typisch Mensch, nichts Schlimmes.

Jahrelang glich meine Vorstellung vom Glück der jener Zaubertrulla in Rosa, der besten Freundin kleiner Mädchen im Grundschulalter. Ich bin von Natur aus ein gieriger Mensch. Seit Kindestagen. Ich mag keine Teller, Betten, Gläser und schon gar nicht Momente, die leer sind. Alles muss sinnvoll, bedeutend, intensiv sein. Aber mittlerweile suche ich nicht mehr nach Glück, sondern nach dem, was alles wahrnehmen kann – also vereinfacht und hochgestochen zugleich gesagt: dem Wesen der Bewusstheit an sich. Ich kenne es unter dem Begriff „leuchtendes Gewahrsein". Was ist das, was durch die Augen sehen, die Ohren hören, die Nase riechen, die Haut fühlen kann und dennoch kein Ding ist, keinen Anfang und kein Ende hat, keine Farbe, Form, Gewicht, Substanz, kein Ende und keinen Anfang? Dauert mindestens fünf Minuten, bis man es gefunden hat. Meistens mehrere Leben. Riesenüberraschung: Ich bin Buddhist geworden. Und ein glücklicher Mensch. Aber nicht, weil ich meine Tage wohlhabend, genießerisch oder im rechten Maß zwischen An- und Entspannung verbringe, sondern weil ich die Erfahrung gemacht habe, dass wir nicht unser Körper sind, sondern einen Körper haben. Ganz gleich, ob wir ein gutes oder schlechtes Gefühl erfahren: Alles wird zunehmend spannend. Der Vergänglichkeit sei Dank. Die Anhaftung nimmt ab. Gleichwohl kann man auch das genießen. Bildlich gesprochen: Nicht mehr die Filme, die laufen, sind von Bedeutung, sondern die Einsicht, dass man Kinobesitzer ist und das zukünftige Programm selbst bestimmen kann. (Für kompetentere, nähere Einweihungen greifen Sie bitte zum nächsten Buch oder besuchen – noch besser – so lange buddhistische Zentren, bis Sie eines gefunden haben, wo die Menschen, der Lehrer und die Belehrungen Ihnen liegen. Da gibt es nämlich viele! Aber auch nur, wenn es für Sie passt.)

Wir sind nicht unser Körper, sondern wir haben einen.

Ansonsten treffen wir uns auf jeden Fall auf der bunten Spielwiese des Lebens wieder. Ich liege da nämlich auch oft rum und sehe so aus, als ob ich auf einen Schmetterling warte, der sich auf meine Nase setzt. Aber hauptsächlich bin ich richtig froh und dankbar, dass ich der Zweidimensionalität von Lillifee und Pupsi entkommen bin.

DER BESONDERE BÄR

CORINNE TIETZMANN
radioeins Hörerin

Als ich ein kleines Mädchen war, verbrachte ich die Wochenenden oft bei meiner Oma. Sie wohnte in einer bescheidenen Wohnung im Hinterhof. Durch die Fensterritzen pustete der Wind, die Toilette war im Hausflur und die Möbel waren abgenutzt. Aber meine Oma füllte ihre vier Wände mit Leben und Wärme, mehr noch als der alte, matt glänzende Kachelofen. Bei ihr zu sein bedeutete für mich das Eintauchen in eine andere Welt. Morgens tranken wir eine heiße Milch mit einem kleinen Schluck Kaffee. Oft gingen wir in die Markthalle, um frischen Fisch zu kaufen, und im Sommer dekorierten wir liebevoll die alten Fenstergriffe mit roten Kirschen. Abends saßen wir gemeinsam auf dem Sofa, während ich ihr die silbernen Haare kämmte. Auf dem dunklen Büffet gegenüber thronte stets ein einäugiger Teddy und beobachtete uns. Es war ein harter, brauner Bär mit eingerissenen Ohren und kurzem Fell, das an mehreren Stellen löchrig war. Wenn man ihn schnell auf den Rücken drehte, gab er einen langen, seltsamen Ton von sich. So, als würde ein Schaf blöken, nur eben etwas bäriger. Eines Morgens schlurfte ich verschlafen in die kleine Küche.

„Guten Morgen!", hörte ich meine Oma rufen, während die Kaffeemühle ihr tosendes Gebrüll von sich gab. „Frühstück ist gleich fertig."

Ich nahm den kantigen Eisenschlüssel vom Haken neben der Tür. „Bin gleich wieder da", antwortete ich und rannte im Schlafanzug eine halbe Treppe höher. Die Toilette war eine enge, graue Kammer mit kleinem Fenster. Ich schloss immer die Augen und tat so, als würde ich glänzend weiße Waschbecken mit goldenen Wasserhähnen vor mir sehen, und der muffige Geruch käme nur von den alten Schlossmauern. Nach solch kurzem Tagtraum stürmte ich zurück in die Wohnung. Der vertraute Geruch von Kaffee kam mir entgegen. Plötzlich fiel mein Blick

auf einen Pappkarton, der in der Ecke stand. „Warum liegt der Teddy dort drin?", fragte ich erstaunt.
Meine Oma wischte sich die Hände an ihrer Schürze ab. „Weißt du, heute Morgen habe ich mal ein paar Sachen aussortiert. Wollen wir das alte Ding nicht auch gleich wegschmeißen? Der ist doch schon ganz zerschlissen."
„Wegschmeißen?", hörte ich mich fragen. Unschlüssig ließ ich mich auf den Stuhl fallen. „Aber der Teddy muss doch auf dem Schrank sitzen."
Ich hing nicht wirklich an diesem Plüschtier, aber es gehörte zu Omas Wohnung wie Vanillesoße zu Schokopudding. Meine Oma schaute mich nun entschlossen an. „Ach Kind, das tut doch gar nicht weh", sagte sie. Alles, was kaputt ist, sollte man entweder reparieren oder wegschmeißen. Und genau das machen wir heute." Sie lächelte, während sie mir über den Kopf strich. Ich war unsicher, aber ich nickte. Als wir später gemeinsam die Treppe zum Hof hinuntergingen, hielt meine Oma den Karton fest unter dem Arm. Unten angekommen, schob sie den schweren Deckel der Mülltonne zurück, schaute mich kurz an und schmiss den Pappkarton samt Teddy hinein. Rumms! Beim Aufprall auf den Tonnenboden quäkte der alte Freund laut und deutlich seinen Bärenton. Mir schossen die Tränen in die Augen. Ich stand da wie ein Häufchen Elend, erfüllt von dem plötzlichen Verlangen, den Bären zu retten. Meine Oma schaute mich besorgt an. Große Enttäuschung machte sich bei mir breit. Wir hatten gerade einen Teil meiner kleinen Welt weggeschmissen. Und die Vorstellung, der Teddy müsste in der kalten Tonne alleine die Nacht verbringen, war für mich unerträglich. „Wir müssen ihn wieder herausholen", schluchzte ich. Danach ging alles recht schnell: Mit Hilfe einer Leiter und einer langen Harke wurde der Bär aus der Tonne gefischt. Ich drückte das staubige Ding so fest ich nur konnte an mich. Zurück in der Wohnung setzte sich meine Oma neben mich. „Soll ich uns einen heißen Kakao machen?" Ich hob den Kopf und lächelte.
Viele Jahre später, ich war längst erwachsen, fand meine Mutter beim Aufräumen im Keller einen zerschlissenen, einäugigen Teddy. „Kann das hier weg?", fragte sie, während der Bär an mir vorbei schielte. Ich nahm ihr das eingestaubte Stück Fell aus der Hand und schloss die Augen. „Nein, das kann nicht weg", flüsterte ich und war für einen Moment sehr glücklich.

STIMMT'S – ODER HAT ER RECHT?

CHRISTOPH DRÖSSER

klärt im „Schönen Morgen" auf radioeins jeden Tag über die Geheimnisse des Alltags auf

Stimmt's, dass wir uns glücklicher fühlen, wenn wir unser Spiegelbild anlächeln?

Die Beziehung zwischen unserer Mimik und unseren Gefühlen ist eine sehr interessante. Zunächst einmal ist es so, dass wir, wenn wir ein bestimmtes Gefühl haben, das über unsere Mimik ausdrücken – ganz automatisch, damit fangen schon Babys an. Umgekehrt ist es aber auch erwiesen, dass, wenn wir einen bestimmten Gesichtsausdruck machen, sich auch die entsprechenden Gefühle einstellen können. Amerikanische Forscher haben einen Versuch gemacht: Sie haben Menschen in drei Gruppen eingeteilt und ihnen dann Bilder von anderen Menschen gezeigt, die mit ihrem Gesicht ein gewisses Gefühl ausdrückten. Gruppe 1 sollte sich das Gesicht nur anschauen, Gruppe 2 den Gesichtsausdruck imitieren, die dritte Gruppe bekam noch einen Spiegel und sollte das Gesicht vor dem Spiegel nachmachen. Das erstaunliche Ergebnis: Bei Gruppe 1 änderte sich der eigene Gefühlszustand eigentlich kaum, bei den beiden anderen Gruppen verschob sich das eigene Gefühl in Richtung des Gefühls, das auf dem Bild gezeigt wurde, am stärksten bei den Probanden mit dem Spiegel. Und das heißt: Wir können tatsächlich unser Gefühl beeinflussen, wenn wir in den Spiegel schauen und ein entsprechendes Gesicht machen. Wenn Sie also das nächste Mal mit mieser Laune aus dem Bett steigen: Stellen Sie sich vor den Spiegel, lächeln Sie Ihr eigenes Gesicht an – Sie werden sehen, dass Ihre Laune schon gleich viel besser ist.

Mein Glück ist, wenn ich tagelang genüsslich im Unglück bade und dann endlich beschließe, mich abzutrocknen.

Stefanie Wittich, radioeins Hörerin

MEINE GLÜCKS LIEDER TOP 10

ANJA CASPARY
moderiert auf radioeins Montag bis Donnerstag von 13 bis 16 Uhr sowie montags um 21 Uhr „Radio Affair“
(Foto: © Jim Rakete)

01 | ELECTRA: Tritt ein in den Dom (1972)
Was der Titel verspricht, wird gehalten: Es fühlt sich an, als würde man die Kathedrale von Chartres betreten. Ein hochgotisches, göttliches Glücksgefühl durchströmt einen beim Hören. Der überirdische Gesang Stephan Treptes lässt einen schweben.

02 | TONI BRAXTON: Un-break My Heart (1996)
Immer wenn ich Motorrad fahre, summe ich dieses Lied in meinem Kopf. Der Refrain hat sich vor fast zwanzig Jahren offenbar in irgendeinem Gehirnlappen festgesetzt und wird nur freigelassen, wenn ich a) an der frischen Luft bin, b) auf dem Motorrad sitze und c) durch die Kurven heize. Große Euphorie.

03 | FRUMPY: When The Gipsy Was Born (1971)
Inga Rumpfs kraftvolle Stimme macht mich glücklich. Die Hamburger Seemannstochter mit den langen, glatten, roten Haaren ist so roh und ungekünstelt. Ein Vorbild.

04 | THE SENSATIONAL ALEX HARVEY BAND: The Faith Healer (1973)
Das erotische Lied par excellence: Es hat mehrere explosive Höhepunkte (den ersten bei 3'00), die einem die Beine wegschleudern. Mein Lieblingstanzlied. Seit meinem 16. Lebensjahr wünsche ich mir diesen Song bei jedem DJ in jeder Disco. Damals im Ballhaus Spandau oder im Sound kein Problem, in den heutigen Clubs leider nie vorhanden.

05 | BENNY QUICK & PETRA PRINZ: Bleib bei mir Babe (1965) Die deutsche Version des Sonny-&-Cher-Hits ist mit großem privaten Glück verbunden: Mein Mann und ich haben uns 1991 kennengelernt und uns im ersten Verliebtsein gegenseitig Kassetten aufgenommen. Das Lied war auf einer von seinen MCs, der Ausdruck „Babe" blieb bis heute an uns beiden haften.

06 | KNORKATOR: Absolution (1998) Knorkator-Sänger Stumpen reiht mit seinem beeindruckenden Countertenor in lateinischer Verballhornung drei Minuten lang „schmutzige" Wörter aneinander. Von Sodomie bis Rektalon Kakae. Jedes Mal muss ich lachen.

07 | DEEP PURPLE: Fools (1971) Wenn ein Lied zum Autofahren passt, dann dieses achtminütige Werk. Man gleitet dahin, sieht die Welt und Erinnerungsfetzen vorbeifliegen und gerät in eine meditative Stimmung. Nur bei 1'38 muß man höllisch aufpassen, dass man nicht reflektorisch das Gaspedal bis zum Anschlag durchtritt. Ungesunde Motorgeräusche meines 25 Jahre alten BMWs werden dankenswerterweise von Lords und Blackmores Instrumentalspielereien überdeckt.

08 | THE VELVET UNDERGROUND: I'm Set Free (1969) Ich denke oft ans Sterben. Nicht an das Danach, sondern an den Moment des Abtretens. Wie werde ich mich fühlen? Wie viele werden um mich trauern? Werde ich noch Jahre später in den Gedanken von Leuten aufploppen, so wie meine Oma Elisabeth und mein ehemaliger Kollege Barry Graves immer mal wieder in meinem Kopf? Dieses Lied macht mir das Sterben schön – ich wünsche es mir als letztes Lied.

09 | BEATSTEAKS: Hand in Hand (2004) Diese Berliner Band ist ein Wunder und ihr Sänger ein Zauberer, der nicht nur intern Harmonie versprüht, sondern auch jedes noch so große Publikum mit seiner Liebe erreicht. In diesen zweieinhalb Minuten Musik steckt ganz viel Glücksgefühl.

10 | RARE BIRD: As Your Mind Flies By (1970) Nachdem ich mir mit dreizehn die Oxygène-LP von Jean-Michel Jarre gekauft hatte und jede Nacht unterm Kopfhörer die beiden Seiten à 20 Minuten hörte, entwickelte sich bei mir ein Faible für lange Lieder. Auf dieser LP von Rare Bird gibt es keine einzige Gitarre, aber eine lange glücksspendende Reise durch Frühsiebziger-Orgel-Prog-Rock. Bester Moment: „I'm thinking" , Ende Seite A.

DIE SCHÖNE UND DER SCHLAWINER

JÖRG THADEUSZ
moderiert auf radioeins samstags von 9 bis 12 Uhr "Die Profis", Sondersendungen und den Nachmittag von 16 bis 19 Uhr und im rbb Fernsehen die Interviewsendungen „THADEUSZ" und „THADEUSZ und die Beobachter"; veröffentlichte unter anderem die Romane „Rette mich ein bisschen" und „Die Sopranistin", beide bei Kiepenheuer & Witsch (Foto: © Jim Rakete)

Eine kleine Spitze ragt oben aus der Linsensuppe heraus. Dann hat das Zuckerhäufchen die richtige Höhe. Mit einem Esslöffel Essig wird der Zuckerberg zum Einsturz gebracht. Doch, so muss das.
Vor Beerdigungen geht man noch mal mit dem Lappen über die Schuhe. Über die guten Schuhe. Das Paar für Weihnachten, Hochzeiten und eben Beerdigungen.
Man geht immer wählen.
Aber unter keinen Umständen zur Infanterie. Viel zu viel Rumgelatsche. Militär ist generell doof, und Gott gibt es auch keinen.
So sah der Betrüger die Welt.
Jeden Mittag hat sie ihn in flagranti erwischt. Wenn die beiden nach der Linsensuppe oder nach der Rinderbrühe Karten spielten. „Das glaube ich ja nicht", rief sie. Knallte auch gleich mit der Hand auf den Tisch. Oder ließ ein „Du ... Du ... Duuu" immer bedrohlicher anschwellen. Vermutlich spielte der Betrüger eigentlich regelkonform – wie schlecht sie verlieren konnte, wusste jeder von uns.
Er hatte Glück mit ihr.
In einem Zeitabschnitt des vergangenen Jahrhunderts, in dem sich das Glück ansonsten eine Auszeit genommen hatte. Eigentlich war Paulchen ihr Auserwählter. Jahrzehnte später wollte sie mir einen Tanzkurs bezahlen. Damit ich vielleicht so gut würde, wie Paulchen auf dem Parkett war. Leider meldete sich Paulchen nicht aus dem Krieg. Sie hörte nichts und wieder nichts von ihm. Und dann war da der andere. Dieser Kollege von der Eisenbahn. Mit diesem Gaunerlächeln. Das hat sich sogar manchmal noch gezeigt, wenn ich ihn kurz vor der Jahrtausendwende wieder einmal in die Badewanne hob. Als junger Mann hat er nicht lange gefackelt. Sie war schließlich nicht irgendeine Eroberung, sondern das

schönste Mädchen Senftenbergs. Knackige 20 Jahre alt, als die beiden 1942 heirateten. Irgendwann stand die schwangere Ehefrau an der Bushaltestelle. Da kam Paulchen. „Na ja, was soll der schon groß gesagt haben. Der hat doch den Bauch gesehen", fuhr sie mich an, wenn wir wieder einmal über diese Geschichte sprachen. Endete immer mit ihrem Seufzer: „Ach, mein Paulchen."

Der hat nach dem Schreck seinen Heimaturlaub abgekürzt und kam nie wieder. Sie sagte immer, er sei „in Russland geblieben". Das waren ihre Begriffe für diese Zeit: Paulchen war in Russland und ihr Lieblingsbruder in Polen geblieben. Andere, die sie nur namentlich kannte, wurden von zu Hause „abgeholt". Letztlich hat sie mit dem wunderbaren Betrüger auch Glück gehabt: Ich war oft dabei, wenn er den Kaffee vorbereitete, um ihn ihr ans Bett zu bringen. Vorher ging er zum Plattenspieler und legte „Rosamunde" auf. Eins ihrer Lieblingslieder. Abends war er schnell geständig. Meine Tür durfte einen Spalt geöffnet bleiben. Ich konnte also mithören, wenn das schönste Mädchen Senftenbergs den größten Schlawiner Senftenbergs mit seiner Unverbesserlichkeit konfrontierte.

Dieser Mann hat mit mir das „x" in der lateinischen Schrift so lange geübt, bis er es selber konnte. Als ich mich bei den Grünen engagierte, wählte er Männer mit problematischen Bärten – als jemand, der sich als Sozialdemokrat mit Nazis geprügelt hatte. Und er hat mir eine große Liebe vorgestellt: Denn wir haben immer und ständig Radio miteinander gehört.

Und gleichgültig, wie ausführlich ich Yoga mache: Ich kann kaum wieder so eins werden mit mir und der Welt wie in den Momenten mit ihr vor der Losbude. Sofort brach sich der maßlose Zocker in ihr Bahn: Noch eine Handvoll Lose und dann noch eine.

Wenn sie im Kiosk arbeitete, lag ich in dem Stübchen hinter dem Verkaufsraum. Umgeben von allerneuesten Comics und meinen Lieblingssüßigkeiten. Damals waren Politiker noch nicht so wütend auf dicke Kinder. Sie hätte sich sowieso keine Vorwürfe machen lassen. Wenn Vorwürfe, dann kamen die von ihr, von der Chefin: Sie mochte meinen ausrasierten Nacken nicht, weil ich aussehen würde wie ein „Iwan". An den hatte sie überhaupt keine guten Erinnerungen. Wenn ich sie mit moderner Liberalität reizte, sah sie die Apokalypse nahen. Leute wie ich würden sich noch umgucken, wenn irgendwann „der Neger" Deutschland regiert. Gleichgültig auf welchen leidenschaftlichen Gipfel sie ihr ungerechtes Temperament trieb, ich war vor allem „ihr Junge".

Bei seiner Beerdigung sprach eine ungelenke Atheistin. Bei ihr war es zwar ein evangelischer Profi. Leider aber auch ein eingefleischter Schalker. Das war zweimal Pech. Oder mein Versäumnis. Denn ich habe nichts gesagt.
Es wäre nur ein Satz nötig gewesen: Diese beiden Menschen als Großeltern haben zu dürfen, war ein Lebensglück.

Mein Glück ist gebunden und viele hundert Jahre alt. Die Schönheit des Wissens der Vergangenheit. Antiquar, der schönste Beruf der Welt.

Michael R. Franke, radioeins Hörer

„ES GIBT VIELE GLÜCKSE“

Der Philosoph
WILHELM SCHMID
im Gespräch mit
radioeins Moderator
Volker Wieprecht
(Foto: © Susanne Schleyer)

Wieprecht: Sie kennen Anna Karenina von Tolstoi. Das fängt folgendermaßen an: „Alle glücklichen Familien gleichen einander. Jede unglückliche Familie ist auf ihre eigene Weise unglücklich.“ Teilen Sie diese Auffassung?

SCHMID: Nein.

Wieprecht: Warum nicht?

SCHMID: Weil auch alle glücklichen Familien auf ihre eigene Weise glücklich sind.

Wieprecht: Aber ich dachte eigentlich, dass Glück, wenn man es erlebt, keine großen Worte braucht: Alle sind still und zufrieden.

SCHMID: Ja, aber auf ihre je eigene Weise. Ich unterhalte mich des Öfteren mit meiner Ehefrau, so was gibt's, und immer wieder kommt dabei zum Vorschein, dass sie Dinge völlig anders erlebt als ich. Wovon ich nie Kenntnis bekommen hätte, wenn ich darüber nicht mit ihr gesprochen hätte.

Wieprecht: Was ist denn Glück?

SCHMID: Glück ist ein Mehrfaches. Wir bräuchten eigentlich den Plural. Der Duden erlaubt uns nur den Singular, aber wir können ja privat trotzdem von GlückEN sprechen.

Wieprecht: Oder Glückse!

SCHMID: Oder Glückse! Wir brauchen Zufallsglück. In hohem Maße sogar. Menschen sind geradezu angewiesen darauf, dass ihnen Dinge zufallen, für die sie bestenfalls günstige Voraussetzungen schaffen können, zum Beispiel, dass eine Beziehung entsteht. Die entsteht ja eher dann, wenn man nicht auf dem Sofa sitzen bleibt. Und dann das Wohlfühlglück: Also Momente, in denen wir uns wohlfühlen. Für die ist es nur wichtig zu wissen, was ist es denn, wobei ich mich wohlfühlen kann? Das ist in der Regel nicht schwer zu beschaffen.

Wieprecht: Schöne Frau, kurzer Rock. Geht vor mir die Treppe hoch. Zufallsglück oder Wohlfühlglück?

SCHMID: Ich bin ja überzeugt davon, dass wichtiger als Glück sogar noch Sinn ist. Und zum Sinn gehören zu allererst sinnliche Erfahrungen. Und wenn das keine sinnliche Erfahrung ist …

Wieprecht: Das heißt, je intensiver ich die Welt wahrnehmen kann, desto glücklicher bin ich?

SCHMID: Das glaube ich schon. Fast möchte ich sagen, wenn es den Menschen gelingen würde, ihre Sinne zu schärfen und pausenlos mit allen Sinnen wahrzunehmen, dann würde sich die Frage nach dem Sinn des Lebens gar nicht stellen. Aber ich weiß auf der anderen Seite natürlich, dass jede starke Erfahrung, die wir machen, auch wieder konterkariert werden muss durch eine andere, gegensätzliche Erfahrung oder durch eine Auszeit, damit die Stoffe, die in uns sind, sich wieder erholen können.

Wieprecht: Sie haben als philosophischer Seelsorger in einem Schweizer Krankenhaus gearbeitet. Können Sie einem Menschen Glücksgefühle verschaffen, der weiß, dass er nur noch vier Wochen zu leben hat?

SCHMID: Ja, ich habe mit solchen Menschen gesprochen, und eine wichtige Frage war immer: Was ist für Sie schön? Da kamen viele Menschen ins Überlegen und manche wussten tatsächlich nicht zu sagen, was für sie schön ist. „Ich hatte nichts Schönes im Leben. Für mich gibt es nichts Schönes im Leben." Aber da sind wir dann einzelne Situationen durchgegangen und haben eigentlich immer was gefunden.

Wieprecht: Aber das bedeutet auch, dass wir uns von unseren Gefühlen nicht wie ein Tanzbär mit Nasenring durch die Manege führen lassen sollten. Sondern innehalten und kognitiv erfassen, was wir gerade fühlen, und dazu auf Distanz zu gehen.

SCHMID: Lebenskunst ist bewusste Lebensführung. Wir müssen uns nicht pausenlos bewusst sein, aber ab und zu innehalten und nachdenken: Was bin ich eigentlich gerade dabei zu tun? Ist das der beste Weg? Interessiert mich eigentlich etwas anderes? Um dann das Leben immer mal wieder neu zu orientieren.

Wieprecht: Haben Sie denn eine Glücksübung, die Sie tatsächlich als geistiges Exerzitium durchführen, bei der Sie sagen: einfach mal probieren?

SCHMID: Absolut. Jeden Tag eine Tasse Espresso. Ich empfehle nicht zu Hause, sondern im Café. Ein einfacher Espresso reicht für eine Stunde, ein doppelter Espresso für zwei Stunden.

SCHÖN, WENN DER SCHMERZ NACHLÄSST

HARALD MARTENSTEIN

Journalist und Autor, schreibt für DIE ZEIT und Tagesspiegel, jeden Freitag ist er mit seiner Kolumne auf radioeins zu hören. Autor verschiedener Bücher, zuletzt „Romantische Nächte im Zoo. Betrachtungen und Geschichten aus einem komischen Land“, Aufbau Verlag

In der ARD veranstalten sie eine Themenwoche über das Glück. Ich lege ja auf Glück keinen gesteigerten Wert. Glück finde ich furchtbar. Ich hatte einen Freund, dem es gut ging. Er lebte mit einer, so weit ich das beurteilen kann, sympathischen Frau zusammen, er war aus kleinen Verhältnissen zu einem beachtlichen Wohlstand aufgestiegen, hatte das, was man einen „interessanten Job“ nennt, war pumperlgesund, alles prima. Wenn wir zusammen essen waren, klagte dieser Mensch fast ununterbrochen. Ärger mit dem Chef. Die Karriere geht nicht mehr voran. Die Frau, na ja, perfekt war sie nicht. Und dann auch noch der unerfüllte Kinderwunsch. Das sind alles Probleme, ohne Zweifel. Wobei ich sicher bin, dass er, im Falle einer Erfüllung des Kinderwunsches, ansatzlos damit begonnen hätte, über den Stress und die Doppelbelastung zu klagen.

Unsere Vorfahren waren bekanntlich völlig zufrieden, wenn sie überlebten. Um überleben zu können, hatte man gut zu tun. Genug zu essen und es schön warm zu haben und in der Nacht nicht alleine zu sein, das war schon richtig super. Für alle weitergehenden Wünsche war das Jenseits zuständig. Jetzt geht es uns etwas besser, jetzt wollen wir das Optimum.

Die einzige brauchbare Definition von „Glück“ heißt für mich: Du bist in der Lage, dich an dem zu erfreuen, was bei dir gut läuft. Den ganzen Rest kannst du phasenweise vergessen. Du kannst einen geglückten Moment erkennen und ihn auskosten. Mehr geht nicht, mehr ist nicht im Angebot. Die Suche nach dem perfekten Leben ist die sicherste Methode, unglücklich zu enden. Eigentlich weiß das jeder. Man hält sich nicht daran, weil das Leben so ähnlich funktioniert wie eine Zeitung. In der Zeitung stehen vorne ganz groß die Katastrophen, die Kriege, die Trennungen und die Krisen. Wenn man die Zeitung liest, denkt man: eine schreckliche Welt. Aber so schrecklich ist die Welt in Wirklichkeit gar nicht.

Die Suche nach dem vollkommenen Glück ist der Totalitarismus des kleinen Mannes. Gefährlich wird die Sache, wenn sie Staaten oder Bewegungen erfasst. Wenn ein System vollkommene Gerechtigkeit verspricht, totale Freiheit oder das Glück auf Erden für alle, kann man nur sehen, dass man schnell das nächste Flugzeug erwischt, in ein Land, in dem die Leute in Ruhe ein bisschen unglücklich oder ungerecht sein dürfen.

Das Lexikon sagt: Die Erfüllung menschlicher Wünsche und unseres Strebens, das heißt Glück. Demnach ist das Glück ein Zustand der Wunschlosigkeit. Quallen und Fadenwürmer sind wahrscheinlich glücklich. Glück muss wahnsinnig langweilig sein. Jemand ist Fan, sagen wir, von Bayern München. Wenn Bayern München jahrelang immer nur gewinnt, bedeutet dies für den Fan anfangs die pure Euphorie, später ist es angenehm, aber dann wird es, ganz allmählich, sehr, sehr traurig. Die Siegesfeiern werden immer routinierter, bis schließlich keiner mehr freiwillig hingeht.

So schrecklich ist die Welt gar nicht.

Ich muss das nicht haben. Ich will mich auch mal ärgern, ich will auch traurig und wütend sein. Es ist schön, wenn der Schmerz nachlässt. Wenn du krank warst und zum ersten Mal wieder spazieren gehst, wenn du gefeuert wurdest und einen neuen Job angeboten bekommst, wenn du alleine warst und jemanden gefunden hast, das sind die besten Momente. Wenn aber kein einziger meiner Wünsche erfüllt wird und mein gesamtes Streben vom Schicksal komplett ignoriert wird, ist das natürlich auch ungut. Irgendwo zwischen dem Glück und dem Unglück liegt die Zone, wo es sich am besten leben lässt.

GARTEN MACHT GLÜCKLICH

ULRIKE ROCH
radioeins Hörerin

Heute Abend musste ich feststellen, dass ich es in schlappen drei Monaten Gartenbesitzes geschafft habe, meinen Bilderbuch-Rasen in ein wirkliches Unikat zu verwandeln. Genau weiß ich nicht, wie mir das gelungen ist. An den Seiten franst er aus und in der Mitte wechseln sich neuerdings kurz und lang, gelbbraun und grün in ungeordneter Mischung ab. Das Gelbbraune sind immer irgendwie Flecken oder so was wie Halbkreise und sieht definitiv tot aus. Ich frage mich leicht besorgt, ob mein nach dem letzten Mähen ausgeworfener Dünger etwas damit zu tun hat. Und wächst es jetzt da, wo der Dünger hinkam oder gerade da nicht? Ist es da jetzt gelb oder grün? Habe ich vielleicht zu viel genommen oder zu wenig? Oder hätte ich es anders machen sollen, als ihn in hohem Bogen durch die Luft zu schmeißen? Vielleicht gießen? Zu spät. Auf der Packung stand nur „aufbringen" und zwar „auf den frisch gemähten Rasen, ruhig auch bei Sonnenschein". Mehr nicht.

Zumindest wuchs ein Teil des Rasens wirklich beeindruckend schnell – so fleckenweise.

Ein fürsorglicher Nachbar hatte mich schon vor gefühlt zehn Tagen behutsam daran erinnert, dass es doch wohl wirklich, also wirklich, an der Zeit sei zu mähen. Was mich inzwischen doch etwas nervös macht. Ich sehe ja, dass er Recht hat. Blöderweise regnet es seit diesem Tag; also nicht tagsüber, wenn ich bei der Arbeit bin, aber dann zum Feierabend, wenn ich Rasen mähen könnte. Dass für die nächsten acht Tage weiterhin Regen angesagt ist, bringt mir meine Gelassenheit in Sachen Rasenmähen auch nicht wieder zurück. Also bin ich heute in einer abendlichen kurzen Regenpause mit dem Fahrrad in den Garten gepest, habe den Rasenmäher angeschmissen und mich an dem nassen Gras zu schaffen gemacht. Runde für Runde werden die gelben und grünen Flecken zumindest wieder gleich kurz, wenn auch in dem frisch gemähten Rasen gleich dutzende schwarzer Löcher aufgetaucht sind. Das waren die Werren. Die sehen aus wie Monsterurkrabbeltiere, werden für heimische Insekten unverschämt groß, vermehren sich ausgiebig und graben mit Vorliebe Löcher in Rasen und Gemüsebeete. Von dort aus knabbern sie sich durch Wurzeln, reife Erdbeeren, und was sie sonst noch so erreichen können. Diese Viecher haben in unserer Kolonie große Kulturen gebildet, wie ich bereits in meinen nachbarschaftlichen Basisgartenlektionen gelernt habe. Ich selbst habe neulich beim Graben meine erste gesehen. Und geköpft. Zack. Strikt nach nachbarschaftlicher Anweisung. Jawohl. Allerdings war mir nach dieser Köpfaktion mehrere Tage lang übel, und wenn ich aus Versehen wieder daran denke, wird mir sofort wieder mulmig in der Magengegend. Ich muss mir definitiv andere Methoden ausdenken, diesen Tieren Einhalt zu gebieten. Bis mir etwas Taugliches eingefallen ist, hoffe ich auf friedliche Koexistenz der Erdbewohner mit meinen zukünftigen Tomaten, Bohnen und Salatköpfen.

Ich schiebe also den Rasenmäher tapfer weiter im einsetzenden Nieselregen meinen fleckigen, ausgefransten Löcherrasen entlang und entdecke, dass das gemähte Gras schon seit mehreren Runden in Klumpen aus dem Auffangbehälter auf die Wiese ploppt und ich so eine Grasklumpenspur hinterlasse, die ich dummerweise auch noch gleich festgetreten habe und jetzt wieder vom Boden polken muss. Inzwischen regnet es ziemlich heftig. Ich bin quasi klatschnass und hantiere mit Auffangkorb, Rasenknäueln und Verlängerungsschnur in der rasch einbrechenden Dunkelheit. Ich schaue auf meine grünen und nassen Hände, die nur schwer an Gartenhandschuhe zu gewöhnen sind. So hatte ich mir mein Gärtnerinnendasein nicht vorgestellt. Und trotzdem merke ich, wie ich breit vor mich hin grinse. In meinem Apfelbaum höre ich ein paar aufgeregte Vöglein über den Regen schimpfen, spüre meine nassen Haare an den Wangen kleben, die warme Frühlingsluft auf meiner feuchten Haut, rieche frisch gemähtes Gras und freue mich über meinen kurzen Rasen.

Plötzlich denke ich etwas, was ich seit Jahren nicht mehr gedacht habe, etwas, was ich überhaupt immer nur dann denke, wenn ich verknallt bin oder etwas Tolles in meinem Leben passiert ist, was meine Lieblingshormone in mir ausgelassen tanzen lässt. Ich denke: „Das müsste ich eigentlich alles mal aufschreiben."

OHNE BÄSSE GEHT ES NICHT – ÜBER UNGLÜCK UND GLÜCK BEI KONZERTBESUCHEN

JENS BALZER
arbeitet als Popkritiker und stellvertretender Feuilletonchef bei der Berliner Zeitung

In den ersten Momenten, in denen dieser Lärm sich auf das Publikum niedersenkt – er besteht nur aus Bässen, aus schleimdickem weißen und rosa Rauschen und unangenehmst knapp synkopisch gegen den Rhythmus des normalen Herzschlags stolpernden Beats –, in den ersten Momenten also dieses herzbeklemmenden Krachs schwanken die Menschen noch instinktiv schutzsuchend zwischen den kathedralenhohen Bassboxen hin und her, auf der Suche nach einem Ort, an dem sich der Druck auf das Bauchfell und die Ohren halbwegs ertragen lässt. Dann fliehen sie. Oder aber sie legen sich bombenopferflach, mit den Vieren von sich gestreckt, auf die Erde und lassen ihren Blick hoch in die Kathedrale des Schnürbodens schweifen. Wie in der Hoffnung, dass derart die schlimmsten Druckwellen einfach über sie hinwegbranden werden – oder wie auf der Suche nach der spirituellen Erhebung, in die sich der niederschmetternde Krach alsdann dialektisch verkehrt.

Es ist jetzt über zehn Jahre her, dass Russell Haswell und Masami Akita sich unter dem Namen Satanstornade in der Volksbühne am Rosa-Luxemburg-Platz zum Gipfeltreffen der Krachmeister und Ohrenschinder versammelten, und doch kann ich noch jede Sekunde, jeden Eindruck, jeden im Innenohr und in den Kieferknochen und in den von den Bässen flatternden Nasenflügeln sich festzwickenden Schmerz von damals spüren: einer der unvergesslichsten Momente, die ich jemals in einem Konzert erlebt habe. Ein Moment auch, zu dem einen die Worte verließen: Jeder Begriff kann die Intensität dieser Erfahrung nur parodieren, das erhebende Glück dieser alles niederwerfenden Kompromisslosigkeit.

Wann spürt man Glück in einem Konzert? Wenn man

nichts mehr dazu zu sagen hat; wenn man alles vergisst, was um einen herum passiert, was man über die Musiker weiß oder zu wissen vermeint; wenn man vergisst, was einen in dieses Konzert geführt hat, mit wem man eigentlich hierher gekommen ist und was das für Menschen sind, die sich um einen herum – das ist der schönste aller denkbaren Fälle – genauso leidenschaftlich und schicksalsvergessen für diese Musik begeistern wie man selber. In den glücklichsten Momenten in einem Konzert oder beim Tanzen zu einem gelungenen DJ-Set wird man zum Teil einer großen glücklichen Masse und zugleich doch wieder ganz auf sich selber geworfen, auf den eigenen, partikularen Körper, der zu einem einzigen Resonanzkörper wird. Man ist mit den vielen anderen gemeinsam im Rausch und doch ganz allein mit dem, was einen von der Masse trennt: mit dem eigenen Schmerz (denn ohne Schmerz gibt es kein glückliches Hören), mit der Erschöpfung, die aus dem Glücklichsein rührt, mit dem Sound und den Vibrationen.

Das größte Glück stiftet das Unerwartete, die Überraschung.

Glück ist nicht der Normalzustand, gerade auch in Konzerten nicht. Ich bin äußerst oft äußerst unglücklich: weil die Musik langweilig ist, weil der Sound nicht stimmt, weil man in so vielen Konzertsälen nicht mehr rauchen darf; weil man, wenn man sich professionell mit Musik befasst, so oft übersättigt ist und müde. Man ist unglücklich, weil eine Band, die man liebt und die man vor dem Konzert etwa in einem großen Zeitungsartikel den Leuten ans Herz zu legen versuchte, dann doch wieder nur vor dreißig Leuten spielt. Man kann sehr unglücklich sein, wenn man in einer sehr großen Halle mit sehr vielen Menschen einem Konzert beiwohnen muss, das alle großartig finden, nur man selber nicht (sagen wir: allein unter zwanzigtausend begeisterten Rammstein-Hörern). Man kann in solchen Momenten aber auch erheitert und sehr zufrieden sein; das hängt davon ab, ob man gerade den Wunsch zum Allein- und Anderssein hegt oder auch nicht.

Das größte Glück aber stiftet natürlich das Unerwartete, die Überraschung. Nie werde ich vergessen, wie ich zum ersten Mal Antony Hegarty auf einer Bühne sah, als Gastsänger bei einem Lou-Reed-Konzert in der Schilleroper 2003: Liebe auf den ersten Blick! Und eine Liebe, die bis auf den heutigen Tag nicht erloschen ist. Nie werde ich vergessen, wie James Blake im April 2011 sein allererstes Konzert in Berlin im Berghain absolvierte. Was war das für ein Glück, diese Musik erstmals live hören zu dürfen, vor allem aber auch: diese Musik an diesem Ort, mit dieser atemberaubenden Akustik, diesem präzisen, weichen und doch so druckvollen Klang. Wie zart James Blake sang und wie demütig man sich in seine Balladen versenkte, und wie zugleich die Bässe von allen Seiten den ganzen Körper ergriffen. Ja, die Bässe. Vielleicht kann man in einem Konzert nur wirklich glücklich sein, wenn die Bässe gut sind. Bei James Blake im Berghain gab es die schönsten Bässe, die ich jemals gehört habe: Sie ergriffen den ganzen Körper, doch auf zarte, ganz sanfte Weise; sie kamen plötzlich, aber ohne zu überwältigen; vielmehr kribbelten sie wie ein wohliger Schauder durch einen hindurch, wie eine Aufwallung unerwarteten Verliebtseins. Auch das war natürlich schmerzvoll, aber nicht, weil es im Ohr oder im Schädel wehtat. Der Schmerz, den man in diesem Augenblick spürte, kam aus der Erkenntnis, dass die Momente des allergrößten Glücks immer auch die allerkürzesten sind.

Glück = Kooperation statt Konkurrenz. Den Weg verlassen & einen Trampelpfad bilden. Wenn das Handy rausfällt & sich im Gitter vom Gully verkantet.

Marien Loha, radioeins Hörer

DAS GLÜCK AUF DER ZUNGE

TANJA DÜCKERS
Schriftstellerin, zuletzt erschienen von ihr der Roman „Hausers Zimmer" und der Gedichtband „Fundbüros und Verstecke", beide bei Schöffling & Co. Bei den „Literaturagenten" auf radioeins stellt sie regelmäßig ein aktuelles Lieblingsbuch vor. (Foto: © Anton Landgraf)

Vergessen Sie Wein, vergessen Sie Zigaretten. Beides hinterlässt einen schlechten Nachgeschmack, Kopfweh oder Halskratzen. Wirklich glückbringend ist das braune Gold: Schokolade. Deshalb freuen sich alle Schokoholics besonders auf die Weihnachtszeit. Für Schokoholics beginnt sie im Oktober und endet im Februar. Danach beginnt dann die Osterzeit.

Der Genuss von Schokolade ist ein viele Sinne ansprechendes Ereignis: Es fängt schon bei der Verpackung an. Viele Schokoladen sind wunderbar verpackt, erst recht im Konfiserie-Bereich. Ich selber habe schon Schokolade über das Verfallsdatum hinaus aufbewahrt, obwohl mir bei ihrem Anblick das Wasser auf der Zunge zusammenlief, weil ich es einfach nicht fertigbrachte, einen wunderschönen Holzkasten zu öffnen oder ein lavendelfarbenes Blütenpapier zu lupfen. Es gibt kaum einen Lebensbereich des Alltags, der in den vergangenen 100 Jahren ästhetisch so wenig Veränderung erfahren hat wie das Verpackungsdesign von Schokoladentafeln und Pralinenschachteln – wenn man von Ritter Sport und Co absieht. Aber viele Traditionsmarken sind bei ihrem Jugendstildesign geblieben oder haben doch gleich Logo und Hauptgestaltungsmerkmale von 1890 beibehalten. Es war ja nicht alles schlecht, Ende des 19. Jahrhunderts.

Dass heiße Schokolade ein glücksbringendes Getränk ist, wussten schon die Entdecker des Kakaos, die Azteken, die den Kakao mit „Göttertrank" bezeichneten. Noch Jahrhunderte später wurde Kakao in europäischen Apotheken als „Stärkungs- und Rekonvaleszenzgetränk" verkauft. Dass Schokolade glücksfördernd ist, ist nicht nur historisch belegbar, das können auch die im Moment reichlich oft im medialen Rampenlicht stehenden Hirnforscher und Biochemiker aller Couleur

bestätigen: Nicht nur, dass Theobromin und Endorphine den Hormonhaushalt positiv beeinflussen, auch der Zucker selbst hebt nachweislich die Stimmung und verleiht Energie. Die antidepressive Wirkung von Kakao ist auch unumstritten.
Ein weiterer glücksfördernder Aspekt des Schokoladenkonsums ist der Umstand, dass man es hierbei mit einem vergleichsweise billigen Hobby zu tun hat. Jede andere Droge ist teurer. Schokoladengenuss ist eine sehr alltagskompatible Form des Glücklichseins, sie ist heute nicht mehr besonderen gesellschaftlichen Schichten vorbehalten und für jeden erschwinglich. Sie ist auf dem heimischen Sofa genießbar und muss nicht mit Aufwand in der Ferne gesucht werden. Heute kann sich jeder dieses kleine große Glück leisten. Es ist alles nur eine Frage der Menge. Echte Schokoholics belassen es bei einer halben Tafel am Tag oder 6 bis 7 Pralinen. Das Hineinschlingen ist eher etwas für Chipsholics oder Burgerholics, gar nicht so sehr der Habitus von Schokoholics, die eher bedächtige Genießer sind und nicht der Schnelllebigkeit und Hektik frönen. Und nicht einem neoliberal-quantifizierenden Höher-Weiter-Größer-Denken verhaftet sind.

Heute kann sich jeder dieses kleine große Glück leisten.

Wer an Schokolade denkt, dem könnte als glücksmindernder Umstand schon die nicht eben niedrige Kalorienzahl der meisten schokoladenhaltigen Speisen einfallen. Wer sich fatalerweise auf diese lustfeindlichen gedanklichen Abwege begeben hat, sollte unverzüglich seine Vorstellungen von Schönheit überdenken. Dickflüssige herrliche Trinkschokolade, in der ein Löffel stehenbleibt, mit Blaubeermarzipan gefüllte Trüffel mit Kakaonibs on top oder Edelbitterschokolade mit karamellisierten Himbeeren vertragen sich schlicht nicht mit dem Menschenschlag zickige Bohnenstange, die obendrein immer gehetzt und leicht hysterisch wirkt. Oder dem männlichen Pendant, dem hageren, gestressten Leistungsträger, der im Beruf, auf dem Sportplatz, im Bett und auch noch am Esstisch nur ein Ziel kennt: der Erste zu sein. So jemand trinkt Kaffee, literweise, aber nicht Kakao. Beide Getränke stehen für geradezu gegensätzliche Mentalitäten. Wem der Sinn für alles Unsinnige, vermeintlich Überflüssige, für alles, was Genuss in seiner selbstgenügsamen Irrationalität und Unvernunft ausmacht, abgeht, wer den Selbstzweck der Glücksfindung im Genuss nicht versteht, der wird nie ein echter Schokoholic sein – und der soll dann eben dünn & doof bleiben. Der ganze zurückgelehnt-genießerische Stil des Verspeisens von Schokolade und schokoladenhaltigen Produkten verträgt sich überhaupt nicht mit einer Waschbrett-Fett-weg-ruckizucki-Mentalität.

Noch ein Argument gegen Kate-Moss-Idealfigur-Vorstellungen: Mit nicht vorhandenem Hintern sitzt es sich nicht bequem. Doch wer ein echter Genießer ist, wer Schokolade speist, möchte lange und bequem sitzen, liegen, lümmeln. Harte Knochen, spitze Ellbogen und Knie stören da nur. Auch könnten Sie bei einem anstehenden Schokoladenschmaus draußen unterwegs sein, an einem Ort ohne ausladendes Sofa oder Canapee. Dann ist auch zweifellos besser, man hat seine eigenen fleischlichen Kissen und Pölsterchen stets verlässlich dabei.

Im Übrigen: Lassen Sie ein Käsebrot weg oder die Blauschimmelkäse-Salatsauce, und schon haben Sie auf kalorischer Ebene Platz für wenigstens vier Pralinen geschaffen.

Natürlich ist wahres Glück nicht nur auf der sinnlich-körperlichen Ebene zu finden, den Menschen treibt eine existenzielle Sehnsucht danach, sich auch auf einer spirituell-universalen Ebene geborgen und gut aufgehoben zu fühlen. Der Genuss von Schokolade versetzt einen in eine leicht introspektive Ruhe, die überhaupt erst ein Schweben des Geistes, philosophische Gedanken zulässt. So ist Schokolade nicht nur als Substanz glückbringend, sondern markiert auch einen Weg zum Erlangen einer tiefen inneren spirituellen Glückseligkeit.

STIMMT'S – ODER HAT ER RECHT?

CHRISTOPH DRÖSSER

klärt im „Schönen Morgen" auf radioeins jeden Tag über die Geheimnisse des Alltags auf

Stimmt's, dass Schokolade glücklich macht?

Schokolade kann unterschiedliche Gefühle auslösen: etwa große Schuldgefühle bei denen, die gerade auf Diät sind, aber für manche ist es eben auch das größte Glück der Erde, sich ein Stück edler Schokolade auf der Zunge zergehen zu lassen. Oft werden dafür neurochemische Begründungen geliefert: Inhaltsstoffe wie das in der Milch enthaltene Tryptophan, das der Körper zum Wohlfühlhormon Serotonin umbaut, oder auch das Theobromin aus dem Kakao. Das ist tatsächlich ein Stimmungsaufheller. Aber für beide Stoffe gilt: Die Konzentration in der Schokolade ist viel zu gering, um wie eine Psycho-Droge zu wirken. Es gibt zwei viel banalere Erklärungen: Schokolade enthält viele Kalorien in Form von Fett und Kohlenhydraten, und darüber freut sich unser Körper immer, das steckt aus früheren Mangelzeiten evolutionär in uns drin. Und zweitens haftet Schokolade immer noch der Ruf des Luxusguts an, das wir nur zu besonderen Gelegenheiten verzehren. Und damit wird das Schokoladenessen selbst zu einem besonderen Anlass, der viele Menschen glücklich macht.

KLEINE ARCHE

PATRICIA ALBRECHT
radioeins Hörerin

Ich kann lachen, wie tropische Vögel zwitschern,
streiten wie eine Horde Affen,
ich kann duften wie frische Pilze im Kiefernwald,
oder frische Brötchen und Kaffee am Sonntagmorgen,
zittern wie Espenlaub,
betören wie der Gesang der Bäume im Abendwind,
schüchtern sein wie eine Antilope,
kann naiv wie ein Flusspferd sein,
schmusen, bis die Luft ausgeht,
funktionieren wie das mechanische Uhrwerk einer alten Taschenuhr,
manchmal auch durch das Leben trotten wie ein Schaf,
ich kann offen sein wie eine Mittagsblume in der Sonne,
zickig wie eine Ziege sein,
frech wie ein Eichhörnchen,
neugierig wie Einstein
oder launisch wie das Wetter im April,
ich kann am Morgen schweigsam sein wie ein Bär im Winterschlaf,
ich liebe meine Kinder mit der Stärke eines Elefanten,
bewege mich genauso gern wie junge Hunde,
kann schmollen wie eine Mimose,
ich liebe Kartoffelbrei und die Anmut im Gang der Giraffen,
kann mit großen Kuhaugen staunen,
meine Toleranz ist ausbaufähig und
ich kann Vergebung vor mir ausbreiten wie einen warmen, weichen Teppich.
Welch ein Glück, dass ich all das kann.

Marion und Lena Brasch (Foto: © holmsohn)

FRÜHER WAR ALLES BESSER!

JOCHEN SCHMIDT
Schriftsteller, zuletzt erschienen seine Bücher „Schneckenmühle" und „Schmythologie", beide bei C.H.Beck

In der Straßenbahn hatte ich plötzlich den Eindruck, dass die Bahnen früher sanfter angefahren sind. Ich dachte sofort: Früher war alles besser! Obwohl ich weiß, dass das nicht stimmt, macht es Spaß, es zu denken. Die da oben, die ihre Tage damit verbringen, dem Volk das Leben schwer zu machen, haben heimlich die Straßenbahnen so manipuliert, dass wir immer mehr durchgerüttelt werden. Das soll uns vermutlich am Nachdenken hindern. Vielleicht sitzt die Bundeskanzlerin sogar persönlich in ihrem Domizil vor einer Bildschirmwand und steuert den Verkehr mit einem Joystick. Irgendeine Motivation muss man ja haben, um in die Politik zu gehen. Früher, als noch alles besser war, waren die Oberkörper der Nachrichtensprecher noch nicht so aufdringlich groß im Bild, und sie mussten nicht versuchen, mit tröstlicher Mimik unseren Kummer über die brutale Wirklichkeit zu lindern. Sie konnten ganz ausdruckslos und roboterhaft die Nachrichten ablesen, die waren nämlich noch nicht so schlimm. Das stimmt aber in Wirklichkeit gar nicht! Wer das denkt, wird alt! Früher war gar nicht alles besser, sondern schlechter! Damit es ständig aufwärts gehen kann, mussten wir ja ziemlich weit unten anfangen. Nur dazu dienten die finsteren Zeiten, als es noch keinen Kaffee zum Mitnehmen und keine Kaugummis mit Aloe-Vera-Geschmack gab. Und der ganze neu gewonnene Stauraum hinter den flachen Bildschirmen! Das einzige Hindernis für unbegrenzten Fortschritt und vollkommene Glückseligkeit ist der Mensch. Wie gesund könnte das Essen sein, wenn es nicht uns Menschen schmecken müsste? Wie schnell könnten Züge am Ziel sein, wenn sie nicht immer wieder anhalten müssten, weil Menschen ein- und aussteigen wollen? Wie raffiniert könnte die Handlung vom „Tatort" konstruiert sein, wenn die Zuschauer nicht Menschen, sondern Computerprogramme wären? Wie viel wertvolle Information über unsere Sprachgeschichte könnte in unserer Orthographie stecken, wenn die Deutschen sie nicht beherrschen müssten? Im Rahmen unserer Beschränktheit wird aber alles immer besser! Die Fit-Flasche hat jetzt oben so einen Knipsverschluß aus Plaste, man muss nicht mehr die Spitze abschneiden und anschließend den weggeflogenen Plasteschnipsel suchen. Vielen Salaten ist neuerdings eine aufklappbare Gabel beigelegt, damit auch Reisende, die ihr Besteck vergessen haben, sich unterwegs stärken können. Briefmarken muss man nicht mehr anlecken, sie kleben ganz von selbst, es macht dadurch viel weniger Mühe, seine Brieffreundschaften zu pflegen. Früher musste ich immer in den Buchhandlungen patrouillieren, damit die Kunden sich nicht vom Autor unbeobachtet fühlten und heimlich meine Bücher nicht kauften, jetzt gibt es dafür novelrank.com. Es ist aber wichtig, Raum für Verbesserungen zu lassen! Spätere Generationen werden sich einmal wundern, dass wir noch kein Aspirin mit Blaubeergeschmack und keine Vitamin-Tabletten in Pac-Man-Form hatten. Und Tee, der nach Kaffee schmeckt. Gerade war ich in Paris, dort sind in einer U-Bahn-Linie die Haltestangen in Griffhöhe in drei Stränge gespalten, dadurch finden dreimal mehr Hände Platz. So eine Erfindung müsste eigentlich sofort weltweit eingeführt werden. Müsste die Bundesregierung nicht eine Kommission bilden, die ständig durch die Welt reist und überall das Beste zusammenträgt, um es nach Deutschland zu holen? In Russland haben die Zaren das früher persönlich übernommen, ich sage nur: Peter der Große. Zumindest die Zaren waren früher wirklich besser!

DINGE, DIE MICH GLÜCKLICH MACHEN

CHRISTOPH AZONE
moderiert gemeinsam mit Stefan Rupp den „Schönen Morgen" auf radioeins
(Foto: © Jim Rakete)

1. Die halbwüchsigen Sonnenstrahlen, die im Frühjahr an den Osterglocken vorbei durchs Fenster wärmen.
2. Ein Sieg meiner Mannschaft in letzter Minute, nachdem sie schon geschlagen schien.
3. Badewannen (*„Ist das Wasser nah, sind die Sorgen fern"*, *Supatopcheckerbunny*)
4. Ein kaltes Bier am Ende eines heißen Sommertags
5. Und danach gleich noch eins! Herr Ober!
6. Ein überraschender, leidenschaftlicher Kuss
7. „Kind of Blue" – Miles Davis
8. Mit Freunden ausgiebig und gut essen. Und trinken. Und lachen. Und endlos.
9. In ein knisterndes, frisch bezogenes Bett kriechen
10. Und dann natürlich Adele, Adelgunde, Adelheid, Adolfine, Adriana, Adriane, Agatha, Agathe, Alina, Aline, Amalia, Amelie, Ana, Anett, Anette, Angela, Anica, Anika, Anita, Anja, Anka, Anke, Ann, Ann-Kathrin, Anna, Anna-Lena, Annegret, Annekatrin, Annemie, Annerose, Annett, Annette, Antje, Antoinette, Antonina, Apollonia, Ariane, Arzu, Aurelia, Aynur, Ayse, Babett, Babette, Barbara, Beatrice, Beatrix, Belinda, Benita, Berta, Brit, Brita, Britt, Britta, Brunhild, Brunhilde, Camilla, Carina, Carla, Carmela, Charlotte, Christa, Christel, Christiane, Concetta, Cora, Cordula, Corina, Cynthia, Dagmar, Dana, Danielle, Danuta, Daria, Dörte, Deborah, Denise, Desiree, Diana, Dorothee, Edda, Edelgard, Edeltraud, Editha, Eileen, Eleonora, Eleonore, Elma, Elsa, Elsbeth, Else, Evelin, Eveline, Evelyn, Evelyne, Fabienne, Fadime, Fanny, Fatima, Fatma, Felicia, Felicitas, Flora, Frida, Frieda, Friedericke, Friederike, Friedhilde, Friedl, Friedlinde, Gabi, Gabriela, Gabriele, Gabriella, Gaby, Galina, Gerda, Gerdi, Gerhild, Gesa, Gesine, Gisela, Gislinde, Gitta, Gitte, Gusti, Halina, Hannah, Hannchen, Hatice, Hedda, Hedi, Hedwig, Hedy, Heide, Heide-Marie, Heidelinde,

Hella, Helma, Hildburg, Hilde, Hildegard, Hilma, Hiltraud, Hiltrud, Hubertine, Hulda, Ida, Ildiko, Ilka, Ilona, Ilonka, Ilse, Imelda, Imke, Ina, Ines, Inga, Inge, Ingeborg, Ingrid, Inka, Inken, Inna, Insa, Ira, Irena, Irene, Irina, Iris, Irma, Irmela, Irmtraud, Isa, Isabel, Iwona, Jacqueline, Jasmin, Jasmina, Jeanette, Jeannette, Jessika, Jo, Joana, Joanna, Johanna, Johanne, Jolanda, Jolanta, Jolanthe, Josefa, Josefine, Josephine, Judith, Julia, Juliana, Karina, Karla, Karola, Karolin, Karolina, Karoline, Kata, Katharine, Katherina, Katrin, Katy, Käte, Käthe, Klothilde, Konstanze, Kordula, Korinna, Kornelia, Kreszentia, Kreszenz, Kriemhild, Krista, Kristiane, Kristin, Kristina, Kristine, Krystyna, Kunigunda, Kunigunde, Laila, Lara, Larissa, Laura, Lea, Leonore, Leopoldine, Leyla, Lia, Liane, Lidia, Lidija, Lidwina, Liesa, Liesbeth, Liliane, Lilija, Lilli, Lilly, Lilo, Lina, Linda, Lioba, Lissi, Loretta, Lotte, Lotti, Louise, Lucia, Lucie, Ludmila, Ludmilla, Ludwina, Luisa, Luise, Madlen, Magarete, Magda, Magdalena, Magdalene, Margot, Marianna, Marika, Marina, Mariola, Marion, Marisa, Marit, Marita, Maritta, Melissa, Melita, Melitta, Meral, Mercedes, Meryem, Meta, Mia, Michaela, Michaele, Michelle, Miriam, Mirja, Mirjam, Mirjana,

Elfie, Elfriede, Elif, Elisa, Elisabeth, Elise, Elke, Ella, Ellen, Elli, Elly, Elsa

Miroslawa, Mona, Monica, Monika, Monique, Monja, Myriam, Nadine, Nadja, Nancy, Natali, Natalia, mich persönlich ja vor allem Natalie, Nelli, Nelly, Nermin, Nevenka, Nicole, Nina, Nora, Norma, Notburga, Nuran, Nuray, Nurten, Olivia, Ortrud, Ortrun, Ottilie, Oxana, Pamela, Paola, Pascale, Patricia, Patrizia, Paula, Paulina, Polina, Raphaela, Rebecca, Rebekka, Regina, Renate, Reni, Rosi, Rosina, Rosita, Rosl, Rosmarie, Roswita, Roswitha, Rotraud, Ruthild, Sabina, Sabine, Sabrina, Saskia, Selma, Sibylle, Sieglinde, Siegrid, Siegried, Siegrun, Siglinde, Sigrid, Sigrun, Silja, Silke, Silva, Silvana, Slavica, Sofia, Sofie, Solveig, Songül, Sonia, Sonja, Sophia, Sophie, Stefan, Susanne, Suse, Susi, Suzanne, Svea, Svenja, Svetlana, Swantje, Swetlana, Sybilla, Sylvie, Sylwia, Tabea, Tamara, Tatjana, Tülay, Türkan, Telse, Teresa, Theresia, Tilly, Tina, Traude, Traudel, Traudl, Traute, Trude, Trudel, Trudi, Ulla, Ulrike, Urte, Uschi, Uta, Ute, Valentina, Valentine, Valeska, Vanessa, Vera, Viola, Violetta, Virginia, Viviane, Walburga, Waldtraut, Walentina, Waltraut, Wiebke, Wilfriede, Wilhelmine, Wilma, Wiltrud, Xenia, Yasemin, Yasmin, Yvette, Yvonne, Zenta, Zeynep und Zita. Und meine Mutter natürlich.

STRALSUND, KÜSTENNEBEL, GLÜCK

JAKOB HEIN
Schriftsteller, zuletzt erschienen die Bücher „Deutsche und Humor – Geschichte einer Feindschaft“, Galiani Berlin, und „Fish'n'Chips & Spreewaldgurken“, KiWi Paperback. Bei den „Literaturagenten“ auf radioeins empfiehlt er regelmäßig Lieblingsbücher. (Foto: © Katharina Behling)

Nachdem sie im Stralsunder Bahnhof ausgestiegen waren, liefen sie einfach den anderen Leuten, Rucksäcken und Taschen hinterher. Ihr Zug war so früh in Berlin losgefahren, dass es sogar jetzt noch früh am Morgen war. Richard hatte ein bisschen das Gefühl, als ob sie die Zeit mit sich im Zug mitgenommen hätten. Der Sommertag hatte gerade erst begonnen und musste erst noch lernen, richtig warm zu sein. Daher fror Richard etwas in seinem dünnen schwarzen Baumwollhemd und den wadenlangen Hosen.
Der Bahnhof hatte nur einen Ausgang, und nachdem die Reisenden auf ganzer Länge aus dem Zug gestiegen waren, orientierten sie sich mit einem kurzen Blick, nahmen ihr Gepäck in die Hand oder warfen es über die Schulter und strebten dann alle nach vorn. Die Szene hatte etwas Zielgerichtetes, das Richard für einen Moment ungeheuer beruhigte. Wenigstens bis zum Bahnhofsausgang würde es unmöglich sein, dass sie sich verliefen. Doch sofort als sie die Ausgangstür durchschritten hatten, verließ ihn das beruhigende Gefühl wieder. Einige Reisende wurden abgeholt, ein paar liefen stur geradeaus, andere schauten interessiert auf den Fahrplan der Bushaltestelle direkt vor dem Bahnhofsgebäude. Über den Köpfen schrien laut die Möwen.
„Hinterher!“ Andreas warf sich seine Tasche über die Schulter und machte sich auf, denen zu folgen, die einfach geradeaus liefen.
„Wollen wir nicht lieber jemanden fragen?“, wandte Richard ein.
„Nein. Hinterher!“ Andreas lief los, und Richard konnte nur hinterher laufen.
„Warum wolltest du keinen fragen?“, keuchte er, denn sie liefen ziemlich schnell mit ihren schweren Taschen.
„Die kommen doch auch alle nicht von hier. Das hat gar

keinen Sinn." Da mochte er recht haben. Aber die, die vor ihnen liefen, kamen dann auch nicht von hier, und denen rannten sie beide jetzt hinterher. Vielleicht wollten die zur Arbeit oder Urlaub in Stralsund machen oder einfach nur mit einer Reisetasche eine schnelle Runde durch die Stadt laufen. Was in der Welt sagte Andreas, dass diese Fremden sie zur Fähre führen würden?

Als sie den Fährhafen durch die Reste des Morgennebels erblickten, kam Richard zu der Überzeugung, dass ihm dieses Kunststück allein und ohne die Begleitung von Andreas nie gelungen wäre. Richard konnte sich nicht einfach auf sein Schicksal verlassen und jedes Mal Glück haben. Er hätte sich in der Bibliothek einen Stadtplan von Stralsund holen und die genaue Route einprägen müssen. Hätte er das nicht getan, hätte ihn das Schicksal mit Sicherheit sofort bestraft. Aber Andreas und das Schicksal hatten irgendein anderes Arrangement miteinander getroffen.

Als sie sich dem Fährhafen näherten und die lange Schlange am Fahrkartenhäuschen sahen, beschloss Richard daher, dass es jedenfalls Andreas sein müsste, der die Fahrkarten für die Fähre kaufte. Richards letzte Möglichkeit dafür war vor drei Tagen auf dem Bahnhof Alexanderplatz gewesen, als er sich die Fahrkarten nur bis Stralsund gekauft hatte. An Fährkarten kam jetzt nur noch Andreas heran. Richard drückte ihm einen Zwanzigmarkschein in die Hand, nahm seine Tasche, stellte sie neben seine auf den Boden und sagte nur: „Kauf Du die Fahrkarten!" Und obwohl sich die Schlange am Fahrkartenhäuschen in den folgenden Minuten kaum vorwärts bewegte, kam Andreas ein paar Minuten später fröhlich grinsend mit zwei Fährkarten angelaufen. Richard öffnete kurz den Mund und holte Luft, wie um etwas zu fragen.

„Was?", fragte Andreas herausfordernd.

„Ach nichts." Egal, wie er es angestellt hatte, es würde Richard sowieso nichts für sein weiteres Leben nutzen. Er stellte sich neben ihn, und sie rauchten schweigend. Selbst ohne Zigaretten hätte ihre Atemluft an diesem Küstenmorgen wie Rauch ausgesehen, zusammen mit dem Zigarettenrauch stießen sie beeindruckende Schwaden in die Luft.

Richard konnte sich nicht einfach auf sein Schicksal verlassen

KLEINES GESPRÄCH AN DER BUSHALTESTELLE

GÜNTER JANKOWIAK
radioeins Hörer

Scheiß Bus! Entschuldigung. Aber war ja klar. Vor der Nase weg. Wissen Sie, nie habe ich Glück. Nie. Können Sie ein Stückchen rutschen? Danke. Wenn ich zur Haltestelle komme, fliehen alle Busse. Ich bin ein Pechvogel, ein wirklicher Unglücksrabe. So! Halbe Stunde rumsitzen! Warten! Wissen Sie, Sonnabend für Sonnabend wandern Millionen, wenn nicht Milliarden Dollars oder Rubelchen oder was weiß ich, Euros über die Lottotheken dieser Welt. Meinen Sie, ich hätte auch nur einmal in meinem immerhin schon fast sechzigjährigen Leben auch nur eine Kopeke davon abgekriegt? Nix. Null. Niente. Gut. Ich mache ja auch nicht mit bei dieser Dummenverarsche, seit zehn Jahren schon nicht mehr. Weil ich eben weiß, wie die Chancen stehen. Ich! Bin! Nicht! Blöd! Früher sagten wir, dumm fickt gut. Entschuldigung. Und noch früher, die dümmsten Bauern haben die größten Kartoffeln. Genau! Ich bin einfach nicht bescheuert genug, um Zugang zum Glück zu finden. Verstehen Sie? Und dann so Sprüche: Glück im Spiel, Pech in der Liebe. So viel Pech wie ich in der Liebe habe ... Da müsste ich ja längst und mit Längen der glücklichste Mensch unter der Sonne sein. Aber die scheint ja auch mal wieder nicht. Jedenfalls nicht für mich. Es gibt ja Leute, die meist fröhlich kichernd behaupten, es gebe kein schlechtes Wetter, nur unangemessene Kleidung. Ja, auf dem Niveau könnte ich vielleicht auch noch glücklich werden. Glücklich ist, wer vergisst und so weiter ... Na, dann freut euch schon mal alle auf euren Herrn Alzheimer. Alles Pech im Spiel nutzt gar nichts. Weder in der Liebe, noch bei der Berufswahl. Wissen Sie was ich glaube? Ich glaube, glücklich ist allein der Glückliche. Haha! Und mit denen, ehrlich gesagt, möchte ich ... Was ist denn jetzt? Wieso gehen Sie denn jetzt? Was? Ja, tschüss. – Tschüss. Idiot. Da denkt man, man hat mal Glück und einer hört einem zu, und dann ... Scheiß Bus.

Zu den guten Dingen des Lebens gehört für mich, die Menschen, die ich liebe, um mich zu haben, genügend zu essen und zu trinken zu haben, ein Dach über dem Kopf – ja, es braucht für mich nicht so viel, um glücklich zu sein.

Marianne Rosenberg, Sängerin

GLÜCKS-MENÜ IN ZWEI GÄNGEN

MARCO MÜLLER
Küchenchef des Restaurants Weinbar Rutz in Berlin und Träger eines Michelin-Sterns, jeden Freitag um 11:10 Uhr kocht er bei radioeins im Programm
(Foto: © Monique Wüstenhagen)

TOMATEN-RAUCHMANDEL-RISOTTO (FÜR 4 PERSONEN)

80 g	Mandeln geschält
60 g	Schalottenwürfel (in Arganöl angeschwitzt)
	mit 20 g Buchenspänen räuchern
	Grob hacken bzw. der Struktur nach schneiden und kurz vor Fertigstellung untergeben
je 200 ml	Tomatenfond, Geflügelfond, Noilly Prat* mit Parmesanrinde, Rosmarin, Knoblauch, Thymian, Anissaat auf 400 ml reduzieren
200 g	Risottoreis
2 Schalotten	in sehr kleine Würfel schneiden und anschwitzen in Olivenöl mit dem Fond nach und nach aufrühren
	dann
15 g	getrocknete Kirschtomaten geviertelt
20 g	Tomatenconcassée**
1 TL	Basilikumpesto
1 TL	kalte Butter
2 Blätter	Basilikum, in sehr feine Streifen geschnitten
30 – 40 g	geriebener Parmesan untergeben.

* französischer Wermut
** kleine Würfel von gehäuteten, entkernten Tomaten

HALBFLÜSSIGES SCHOKOLADENSOUFFLÉ & HOLUNDEREIS, WILDQUITTE, SCHOKOHIPPE

HALBFLÜSSIGES SOUFFLÉ VON SCHOKOLADE

6 Stück Volleier mit 200 g Zucker schaumig rühren. In der Zwischenzeit 180 g Zucker und 200 g Valrhona Zartbitter Kuvertüre (70 %) in einem Wasserbad schmelzen lassen. Wenn dies passiert ist, 30 g Kakaopulver & 30 g Mehl (Type 405) zugeben und alles miteinander vermengen. Zum Schluss 2 Vanilleschoten, eine Messerspitze Ingwer, eine Messerspitze Abrieb von der Tonkabohne und 20 ml Creme de Cacao zugeben. Jetzt ofenfeste Form, vorzugsweise Jenaglas, mit weicher Butter so dick einstreichen, bis der ganze Rand versiegelt ist. Nun mit Zucker ausstreuen und die Masse zu 2/3 einfüllen. Bei 180 °C so lange backen, bis der Rand leicht angestockt und die Mitte noch flüssig warm ist.

HOLUNDEREIS

2 Liter	Orangensaft
4 Liter	Holunderbeeren Muttersaft
200 ml	Holunderblütenfond
400 g	Glukose
10 g	Pektin
4 Blatt	Gelatine
2 Stück	Stangenzimt
100 g	Gewürzblütenhonig
1 Msp.	Quatre Epice, gerösteter Koriander, Muskatnussblüte, Kardamom
1 Msp.	Zitronenabrieb
	Zitronensaft nach Bedarf

Den Orangensaft auf 100 ml reduzieren und ebenso den Holunderbeerensaft auf 2 Liter einkochen. Dann alle Zutaten zusammengeben und abschmecken. Nun in einer Eismaschine abdrehen. Fertig.

WILDQUITTE

200 g	Wildquitte
	Zitrone
	Ascorbinsäure
	Knödelhilfe
1 Liter	Apfelsaft
2 EL	Gelierzucker
1	Zimtstange
1	Nelke
1	Vanilleschote

Die Wildquitten können bereits ein oder mehrere Tage vorher zubereitet werden: Dazu die Quitten waschen, nicht schälen und entkernen. Nicht an der Luft liegen lassen, sondern gleich in Zitronenwasser geben und eine Messerspitze Ascorbinsäure hinzugeben sowie etwas Knödelhilfe. Derweil einen Liter Apfelsaft auf 100 ml einkochen und Gelierzucker hinzugeben. Über eine große Reibe die Wildquitten dazugeben und vorsichtig gar ziehen lassen. Zimtstange, Nelke, Mark der Vanilleschote, Vanilleschote, einen Spritzer Zitronensaft hinzugeben und bei niedriger Temperatur 15 Minuten ziehen lassen, bis die Quitten weich werden. In einem Gefäß kalt stellen und die Gewürze herausnehmen.

SCHOKOLADEN-KROKANT-HIPPE

333 g	Puderzucker
166 g	Butter
185 ml	Creme de Cacao
125 ml	Orangensaft
83 g	Glukose
66 g	Kakaopulver
166 g	Mehl

Die Glukose auf mindestens 50 °C erwärmen. Mit den restlichen Zutaten zu einem glatten Teig verkneten und mindestens über Nacht gut durchkühlen lassen. Am darauf folgenden Tag dünn auf Silikonmatten streichen und bei 180 °C 7 Minuten knusprig backen und nach Wunsch in Stücke brechen.

23. Dezember, Hamburg, Schneetreiben. Glühwein und gute Musik an der Bude im Gehege. Tiefe Gespräche. Dieses Glück hätte nie enden mögen!

Andreas Bader, radioeins Hörer

KEIN GROSSES AUFHEBEN

FRIEDRICH KÜPPERSBUSCH
Journalist und Autor, kommentiert immer montags im „Schönen Morgen“ auf radioeins das aktuelle Weltgeschehen

Glück ist oft unaussprechlich, je Glück desto un. Glückscent auch. Das sieht aus wie vertipptes „glucksend“ und spricht sich zungenspitz. Zudem scheint seine Glücksverheißung kaum mehr als abgekupfert: Sein großer Bruder, die 50-Pfennig-Münze, war 1950 irrtümlich noch in 30.000 Exemplaren mit dem überkommenen Absender „Bank Deutscher Länder“ geschlagen worden. Das Kürzel der Prägestelle – recht logisch „G“ für Karlsruhe – wurde als „Glück“ gedeutet. Mit gutem Grund, die seltenen Fehlmünzen erzielten hohe Sammlerwerte und wurden deshalb gar gefälscht. Seither wurde es Brauch, nur 1-Pfennig-Stücke mit dem aufgeprägten „G“ wie „Glück“ für tatsächlich talismantauglich zu halten.

Die kleine numismatische Sammlung auf meiner Schreibtischablage folgt deshalb ganz und gar ausgewilderten Regeln: Was Münze ist, wird aufgehoben und hierher gebracht. Bis genug beisammen ist, um es in einen Umschlag zu stecken, „Viel Glück!“ draufzuschreiben und zu verschenken. Denn Glück kann man nicht festhalten, damit vergraulte man es. Und man kann Glück auch nicht durch sich hindurchleiten, sondern sollte trachten, das Glück anderer zu vergrößern. Sagen wir mal: verdoppeln. Also zähle ich alle Vierteljahre den angesammelten Münzschatz, lege aus meiner Börse den gleichen Betrag hinzu. Dann auferlege ich mir, es dem erstbesten Interessenten in die Hand zu drücken. Gegen das Natterngeschwätz im Hinterkopf „Dieser Bettler wird Dein Geld eh nur vertrinken“ hilft dieser Rigorismus gut. So stecke ich den präparierten Glücksumschlag in meine Jacke. Und Straßenzeitungsverkäufer oder Bettelpunk oder Opferstock hat und bekommt bedenkenlos Glück.

Besonders üppige Claims sind die Schokoterror-Regale unter der Bezahltheke von Tankstellen. Eilige Autofahrer lassen da vom Cent bis zum Zwei-Euro-Stück alles achtlos niederrieseln. Eine Tankenkette hat bereits Bezahlautomaten aufgestellt, womöglich hält sie ihre Kassierer für dyskalkulieverdächtig. Ich betrachte das als Vernichtung eines Weidegrundes. Für Einsteiger lohnend auch Fußböden vor Starbucks- oder Kiosktresen. Wenig überraschend kann man die Armut einer Wohngegend an der Abwesenheit von Münzen auf der Straße ablesen.

Hartz bückt sich. Mit Übung und Zeit prägt sich das visuelle Beuteschema tiefer ein: die Kreisrundung, die Größe, das kupfern rötliche Schimmern. So bückt man sich im Herbst nach kleinem Laub, ein andermal nach tückisch rotem Kaugummi.

Mit Übung und Zeit prägt sich das visuelle Beuteschema tiefer ein

Auf den Straßen südwestlich von Dortmund, wo ich gern ins Ruhrtal hinaus radfahre, hatte ich einige meiner schönsten Nahtoderlebnisse: Man kullert frohgemut, mitten auf der Kreuzung liegt etwas sehr Münzliches, man mogelt sich zwischen Rotphasen und dröhnenden LKW zurück an die vermeintliche Fundstelle. „Er starb für eine Unterlegscheibe" droht mir als Grabinschrift.

Stars meines durchreisenden Ensembles sind spiegelglatt gewalzte Centmünzen von Straßenbahnschienen. Vor Rost kaum mehr erkennbare Metallbrösel, die zwischen Kopfsteinpflaster eingeklemmt den Kehrmaschinen trotzten. Fremdländische Münzen, die achtlos im Rückgabefach eines Kaffeeautomaten hinterlassen lagen. Ich sehe den Widersinn, mit meiner Quartalskollekte auch Metallchips oder Waschsalon-Jetons an – vermutlich ratlose – Bedürftige weiter zu schenken. Und doch! Für just diesen münzähnlichen Irrtum hatte ich mir auf der Ruhrbrücke in Wengern beinahe den Tod unterm Bus geholt. Das soll nicht umsonst gewesen sein.

Einmal stellte ein Fund mein ausbalanciertes Glücksmanagement auf schwere Probe: Ich fand neben all dem Beinahezeug einen echten Pfennig. Er klebte – wohl seit einem Jahrzehnt – im Teer einer Fahrbahnfuge, und nur besonders heißes Wetter schmolz ihn zurück ans Tageslicht und in mein Visier. Hat er nicht all die Zeit genau auf mich dort gewartet? Das Wesen des Glücks jedoch ist – es loslassen zu können. Der wahrhaftige Glückspfennig ging zusammen mit seinen Bastardbrüdern den Weg zum nächsten Glückspilz.

So ahne ich vorerst nur, dass ich im nächsten Schritt mehr loslassen lernen werde. Eine Glücksmünze zu sehen, sich und der Welt „Glück!" zu wünschen und weiter zu gehen ist eine harte Herausforderung. Noch bücke ich mich nach allem, solange der Rücken mitmacht. Ich kaufte Laugenbrezel für 50 Cent, um mich nach den zwei Cent vor der Bäckertheke recken zu können. Ja, ich habe eine Fahrradpanne simuliert, um mich an einer vielbefahrenen Ecke nach allerlei vermeintlich heruntergefallenem Werkzeug beugen zu können. Ich meditierte viele Radkilometer lang über die Frage, welcher Teil der Münzproduktion vom Prägestock in die Landschaft wandert, welche Schätze dort liegen mögen.

Mein Sohn berichtete von einer studentischen Exkursion zur Ausgrabung eines Römerlagers bei Haltern. Der Römer als solcher habe in Vorwegnahme von McDonald's seine Lager imperiumsweit nach gleichem Muster gebaut; so wisse man stets, wo ungefähr der Misthaufen gewesen sei. Dort grabe man Schicht für Schicht, finde Scherben, Knöpfe, Waffenreste. Doch der besondere Fokus der Suche liege auf Münzen. Findet sich eine, weiß man dank der Prägung bald präzise, wann genau das Lager genutzt worden sei. Waren die Römer etwa auch nach der Varus-Schlacht noch rechtsrheinisch?

Mein Sohn hat inzwischen das Studienfach gewechselt; er hatte, nach den ganzen Münzfunden bei den Archäologen, Glück und bekam seinen Traumstudienplatz. Also. Der Kampf geht weiter.

BASTIAN KLAMKE (BTK) radioeins Hörer, lebt als Krankenpfleger, freier Autor und Comiczeichner in Berlin. www.bastian-klamke.de

STIMMT'S – ODER HAT ER RECHT?

Stimmt's, dass Geld glücklich macht?

CHRISTOPH DRÖSSER
klärt im „Schönen Morgen" auf radioeins jeden Tag über die Geheimnisse des Alltags auf

Es werden oft Statistiken verbreitet, in welchen Ländern die Menschen am glücklichsten sind, und da werden oft Länder wie Sri Lanka angeführt. Also nicht gerade die Länder, wo die Leute am reichsten sind. Auch Ökonomen haben Menschen nach ihrem Glück befragt, und da kommt immer wieder heraus: Menschen, die ganz arm sind, denen es am nötigsten fehlt, sind ziemlich unglücklich. Dann wächst die Zufriedenheit zunächst mit dem Wohlstand, aber ab einem bestimmten Einkommen nimmt das Glück gar nicht oder kaum noch zu. Wann dieses Plateau erreicht wird, variiert von Land zu Land, in Deutschland liegt es bei ungefähr 2500 Euro Monatseinkommen. Gewinnt dann jemand zum Beispiel im Lotto, dann ist er natürlich kurzfristig über alle Maßen glücklich, aber schon nach drei Monaten sackt das Glücksgefühl wieder auf den vorherigen Zustand ab. Viel Geld allein macht also nicht glücklich. Aber es gibt eine andere interessante Korrelation: Je mehr Sie nämlich von Ihrem Wohlstand an andere abgeben und etwa an hilfsbedürftige Organisation spenden, umso glücklicher werden Sie. Und in diesem Fall gibt es nach oben offenbar keine Grenze. Fazit also: Wenn Sie schon mehr Geld verdienen, mehr als Sie zum Leben brauchen, dann geben Sie etwas davon ab – denn das macht garantiert glücklich.

Glück ist, wenn man sich von dem Zwang befreit hat, ständig glücklich sein zu müssen.

Friederike Ostermeyer, radioeins Hörerin

BESUCH IN OSTBERLIN

ROBERT SKUPPIN
Programmchef von radioeins, veröffentlichte gemeinsam mit Volker Wieprecht die Bücher „Das erste Mal", „Das Lexikon der Rituale" und „Das Lexikon der verschwundenen Dinge", alle bei Rowohlt Berlin

Ich kannte Jürgen Leon kaum. Über zwei Ecken gerieten wir 1987 in Kontakt; als ich ihn kennenlernte, war er verzweifelt. Die Bundesregierung hatte ihn aus der DDR-Haft freigekauft, und jetzt lebte er in Westberlin. Nun wollte er seine Sachen aus Ostberlin in den Westen holen. Angeblich war alles geklärt. Er kannte aber kaum jemanden aus dem Westen, sondern nur ehemalige DDR-Bürger, die nicht mehr in den Osten einreisen durften. Und für seinen Umzug brauchte er dringend jemanden, der mit einem Miettransporter aus Westberlin nach Ostberlin fuhr. Ich erklärte mich dazu bereit. Ich war erst ein paar Mal im Osten gewesen und fand es aufregend. Völlig problemlos konnte ich mit dem Mietwagen nach Ostberlin einreisen. Jürgens Kumpels warteten in drei Trabis ein ganzes Stück hinter dem Übergang Friedrichstraße. Wir schüttelten uns kurz die Hände, dann fuhr ich ihnen hinterher. In Jürgens ehemaliger Wohnung in Oberschöneweide warteten weitere Freunde, und in kürzester Zeit hatten wir die wenigen Möbel – Waschmaschine und vor allem Bücherkisten und Koffer sowie einige Bilder – in den Wagen eingeladen. Während des Ausräumens unterhielten wir uns kaum. Danach rauchten wir zusammen noch eine Zigarette und tranken ein Bier. „Traust du dich, noch ganz spezielle Fotos von Jürgen mitzunehmen?", fragte mich Jürgens bester Freund. Ein anderer zischte: „Lass das doch!" Aber mein Interesse war geweckt. Ich wusste, dass Jürgen fotografierte. Wir hatten darüber häufiger gesprochen. „Was sind das für Fotos?", wollte ich wissen. „Jürgen hat die Mauer und den Todesstreifen fotografiert – und zwar fast vollständig", antwortete sein Freund. „Du musst sie nicht mitnehmen. Das kann dir sehr großen Ärger machen", meinte der andere. Er wollte mich warnen, aber damit erreichte er bei mir nur das Gegenteil. Keinesfalls wollte ich vor Jürgen und seinen Freunden als der Wohlstands-Waschlappen-Wessi erscheinen, der sich vor der Staatsmacht der DDR ins Hemd machte. Schließlich hatte Jürgen für sein politisches Engagement schon im DDR-Knast gesessen. „Kein Problem, ich nehme die Fotos mit", sagte ich und nahm einen dicken DIN-A4-Umschlag von ihnen entgegen, schaute nicht mal rein, sondern warf ihn auf den Beifahrersitz des VW-Busses. Ich war jetzt etwa drei bis vier Stunden in Ostberlin und wollte zurück. Nach einer kurzen Verabschiedung geleitete mich einer der Trabis mit Jürgens Freunden von Oberschöneweide wieder zum Checkpoint Friedrichstraße. Dann hielt ich an der ersten Kontrollstelle. Ich öffnete das Fenster und übergab den „DDR-Grenzorganen" meinen Ausweis. „Was haben Sie in der Hauptstadt der DDR gemacht?", bellte mich der Grenzposten an. „Ich habe für einen Freund den Umzug nach Westberlin organisiert", antwortete ich.

„Was haben Sie im Auto geladen?"

„Die Umzugssachen von meinem Freund."

„Sie glauben, Sie könnten einfach in die Hauptstadt der Deutschen Demokratischen Republik einreisen, dort Sachen von Volksgenossen einladen und dann wieder die Hauptstadt der Deutschen Demokratischen Republik in Richtung Westberlin verlassen?"

„Nun ja, mein Freund ist ja jetzt kein DDR-Bürger mehr und außerdem hat er sich erkundigt. Ich habe hier Papiere für den Umzug."

Meine Coolness war weg, der Typ hatte ja Recht: Was hatte Jürgen mir denn da erzählt? Ich hatte mich voll auf ihn verlassen. Er meinte, das gehe so. Die Papiere, die ich dabei hatte, waren von der staatlichen DDR-Spedition DEUTRANS, und diese hatte dem Umzug angeblich zugestimmt. Aber was wusste ich schon? Ich gab dem Mann die Papiere. „Fahren Sie mal Ihr Kraftfahrzeug da rüber!", befahl er mir, „dann steigen Sie aus!" Ich fuhr den Bus an eine Rampe und stieg aus. Mehrere grimmig dreinblickende Grenzsoldaten umringten das Fahrzeug, einige hatten Maschinenpistolen, einer einen Hund. Der Typ von der Kontrollstelle und zwei andere Grenzsoldaten kamen mit den Papieren auf mich zu. „Umzüge auf dem Staatsgebiet der Deutschen Demokratischen Republik macht ausschließlich die DEUTRANS! Hören Sie! Glauben Sie etwa, jeder kann hier einreisen und sich mitnehmen, was er gerade braucht? Öffnen Sie sofort die Ladefläche Ihres Kraftfahrzeugs!" Schon die DDR-Kontrollstellen auf der Transitstrecke hatten in mir immer ein größeres Unwohlsein verursacht. Das hier hatte aber eine andere Qualität. Langsam machte sich Panik in mir breit. Mich beschlich das sehr unangenehme Gefühl, mit der Mitnahme von Jürgens Bildern einen Riesenfehler gemacht zu haben. Ich öffnete die Seitentür des VW, während ich zu den herbeigeeilten Grenzsoldaten sah. Mittlerweile waren es schon 15. „Dann räumen Sie jetzt mal alles aus, was Sie da geladen haben!", kommandierte der Grenzsoldat in seiner mausgrauen Uniform. Ich fing an, die Sachen herauszuholen, niemand machte Anstalten, mir zu helfen. Alle schauten mir zu. Nachdem ich ein, zwei Kartons, zwei Koffer und drei Stühle rausgestellt hatte, fragte ich: „Soll ich wirklich alles ausladen?" „Alles!", bekam ich als Antwort. Nach etwa zwanzig Minuten war bis auf die Waschmaschine alles vor den Bully gestellt. Die Waschmaschine holten dann zwei Soldaten heraus. Ein dritter führte seinen Hund in den Transporter. „Was ist in den vier Koffern?", wollte das Kontrollorgan der DDR nun wissen. „Ich habe keine Ahnung", stotterte ich. „Dann öffnen Sie die Koffer!" Ich versuchte den ersten Koffer zu öffnen, aber das Schloss war zugesperrt. Auch die anderen ließen sich nicht öffnen. Langsam begann ich Jürgen zu verfluchen. „Die Koffer lassen sich nicht öffnen", stellte ich schließlich gegenüber dem Grenzsoldaten fest. „Wo sind die Schlüssel?", wollte er wissen. „Ich habe keine." In mir wuchs die Sorge darüber, was sich in den Koffern befinden könnte. Warum hatte sie Jürgen wohl zugesperrt? „Wenn Sie keine Schlüssel aushändigen können, müssen wir die Koffer aufbrechen", belehrte mich der Mielkeklon. Mir war es egal. Inzwischen wollte ich sowieso anbieten, die Sachen dazulassen und anschließend zu Fuß die Grenze zu passieren. Wartete aber noch mit dem Vorschlag, da mir die Stimmung nicht passend schien. Inzwischen brachen jüngere Grenzsoldaten mit Brecheisen die Kofferschlösser auf. Die Koffer enthielten Klamotten. Die Soldaten warfen sie beim Durchwühlen lieblos auf den Boden. Mit Rasierklingen schnitten sie die Innenstoffverkleidung der Koffer auf. Das war nun deutlich eine andere Qualität des Durchsuchens. Ein weiterer Trupp fing an, die Waschmaschine aufzuschrauben, andere hatten die Bücherkisten geöffnet und durchblätterten Buch für Buch, um herauszubekommen, ob Dinge zwischen den Seiten versteckt worden waren. Einige von ihnen nahmen sich die Zeichnungen von Jürgen vor. Sie nahmen sie aus den Rahmen und schnitten mit Rasierklingen die Passepartouts auf, um nachzuschauen, ob dahinter etwas versteckt war. Offensichtlich hatte man das Interesse an mir verloren, denn ich wurde gar nicht mehr gefragt.

In mir wuchs die Sorge, was sich in den Koffern befinden könnte.

Mit einem mulmigen Gefühl sah ich ihrem Treiben zu. Suchten sie nach etwas Bestimmtem, vielleicht Papieren oder Fotos? Ich hatte alles aus dem Transporter ausgeladen, nur der Umschlag lag noch auf dem Beifahrersitz. Er war dort gut zu sehen. Es war nur eine Frage der Zeit, wann sie ihn nehmen und öffnen würden. Ich überlegte, ob ich ihnen den Umschlag nicht lieber selber geben sollte und behaupten sollte, Jürgens Kumpels hätten ihn mir gegeben und ich wüsste gar nicht was drin sei. Ich entschied mich dagegen. Niemand hätte mir das geglaubt – schon gar nicht ein DDR-Grenzsoldat. Das Schmuggeln von Fotos der Mauer und vom Todesstreifen machte mich wahrscheinlich zum Spion. Mir fiel ein, was Jürgen von seiner Haftzeit in der DDR erzählt hatte. Ich hatte schon die ganze Zeit Angst, aber jetzt zitterte ich am ganzen Leib. Die Soldaten bemerkten es nicht. Einige fingen an die Bücherrücken aufzuschneiden, andere widmeten sich dem leeren Transporter und durchsuchten ihn. Einer von ihnen öffnete die Beifahrertür. Um den Beifahrersitz besser durchsuchen zu können, legte er den Umschlag auf das Armaturenbrett. Dann fing er an, unter dem Sitz zu suchen und diverse Fächer zu durchwühlen. Er fand aber nichts. Schließlich legte er den Umschlag wieder zurück auf den Beifahrersitz. Nach fast vier Stunden hörte der Spuk auf einmal auf. Ich bekam das Kommando, alles wieder einzuladen. Nun wurde mir sogar geholfen und es konnte gar nicht schnell genug gehen. Lieblos wurden Jürgens Sachen, die bei der gründlichen Durchsuchung nicht schadlos geblieben waren, wieder im Transporter verstaut. Die DEUTRANS-Papiere stempelte man anschließend vor meinen Augen ab. Danach durfte ich wieder in die Kontrollspur mit dem Mietwagen. Als ich den letzten Kontrollposten hinter mir gelassen hatte und wieder im Westen war, brüllte ich wie ein Irrer!
Ich habe selten mehr Glück gehabt in meinem Leben.

PS: Die Fotos von der Mauer waren mit sehr großem Abstand aufgenommen und nicht sonderlich spektakulär.

GLÜCK AM ABENDBROTTISCH

LINE MUNSCHE
radioeins Hörerin

Zufällig erhielt ich von einer Freundin den Hinweis: „radioeins Glücksgeschichte gesucht", mit dem Zusatz: „Da fällt uns doch was ein." Hm, fällt mir dazu etwas ein? Kurz darauf am Abendbrottisch mit Mann, pubertierendem Sohnemann und quirligem siebenjährigen Sohnemann. Ich zum Großen also: „Was ist für dich Glück?" Oh, puh, Schulterzucken, Augenrollen, keine Ahnung. Mein Mann meldet sich aufgeregt. Nein, ich habe den Sohnemann gefragt, überleg dir was. Der kleine quirlige Siebenjährige plappert munter drauf los: „Ich habe acht Freunde, und wenn einer nicht mit mir spielt, dann eben ein anderer. Das ist Glück." Ach, als Siebenjähriger ist es wirklich erfrischend leicht, glücklich zu sein, denke ich. Zwischenzeitlich rappelt sich der fast 14-Jährige auf und brabbelt was von: „Na ja, Glück ist ein cooles Auto und viel Geld zu haben. Und wenn man bei einem Flugzeugabsturz, auch schwerstverletzt, überlebt." So, das ist Glück mit 14? Ich hake nach: „Ich meinte jetzt nicht ‚man', sondern was macht dich persönlich glücklich?" Große Fragezeichen in den Augen. Der Mann meldet sich nun zu Wort und fängt an: „Also Pech ist ..." Mann, nicht Pech, Glück! Der Mann weiter: „Also Pech ist, wenn du vom Fernsehturm fällst. Und Glück, wenn du mit dem Auge an einem Nagel hängenbleibst." Der Mann verschluckt sich beim Lachen. Die Kinder überschlagen sich. Der Große schaut mich an: „Mama, und für dich, was macht dich glücklich?" Ich bin gerührt, irgendwie sentimental. Ja, ich weiß, was mein Glück ist, sage allerdings: „Wenn ich das jetzt sage, dann muss ich weinen." Der Große: „Ach, so wie Papa bei Titanic?" Mein Mann spielt den Empörten, der Große steht auf, tanzt um uns rum, flattert mit den Armen und singt inbrünstig, mit seiner rauen stimmbrüchigen Stimme, das Titellied von Titanic. Ich kann mich nicht

mehr halten und lache los, alle steigen ein, die Stimmung steigt.
Glück kommt meistens unverhofft, überrollt mich und hinterlässt ein rauschendes warmes wohliges Gefühl und ist völlig unabhängig von materiellen Dingen. Ich bin oft glücklich, meistens jedenfalls, und dafür bin ich sehr dankbar. Sicher gab es auch schlechte Zeiten und richtige Krisen, und davon werde ich auch in der Zukunft nicht verschont bleiben. Doch mein „Glück" ist zu wissen, daraus wachse ich, und es wird auch wieder gut.

MEINE GLÜCKSLIEDER TOP 10

Eines der größten Wunder menschlicher Schöpfungskraft ist die Musik. Musik berührt jeden, wenn auch nicht jede Musik jeden gleichermaßen berührt. Spirituelle Musik, Kirchenchöre, gregorianische Gesänge machen uns andächtig. Helene Fischer lässt uns ins Schwärmen kommen – oder das Radio abschalten ... Haben Sie sich schon mal gefragt, warum es bei Ihnen ganz bestimmte Titel sind, die Sie das Radio lauter drehen lassen? Die Sie so glücklich machen, dass Sie mitsingen oder in der Küche anfangen zu tanzen?
Ich habe da so eine Theorie: Ich glaube fest daran, dass wir in der Pubertät musikalisch sozialisiert werden. In dieser Zeit kapriolierender Hormone passiert uns vieles zum ersten Mal, und dieses erste Mal prägt sich uns ein wie die Töne, die in eine Schallplatte gepresst werden. Das erste Mal kann nie entwertet werden, weil schon das zweite Mal nicht mehr dieselbe fundamentale Bedeutung hat. Die Musik, die uns in dieser Zeit begleitet, wird zum Soundtrack für diese ersten Male, und sie speichert in ihren Harmonien, ihren Rhythmen, ihren Stimmungen die Glücksgefühle dieser Zeit. Das soll nicht heißen, dass uns nur Oldies glücklich machen können, im Gegenteil: Musikaffine Menschen nehmen ihr Leben lang neue Titel

STEPHAN KARKOWSKY

moderiert immer
samstags das populäre
Wissenschaftsmagazin
„Die Profis" auf radioeins
(Foto: © Jim Rakete)

in das musikalische Glücksgedächtnis auf. Lieblingstitel können sich wöchentlich ändern; in der iPod-Generation täglich. Und dennoch behaupte ich, dass die Glücks-Halbwertszeit unserer frühen Musikerfahrungen später nie wieder erreicht wird. Sie strahlen ein Leben lang.

Ich bin einmal von einem Radiosender gefragt worden nach meinem persönlichen Lieblingsalbum. Die Hörer sollten eine ewige Bestenliste wählen, und die Moderatoren durften ihre Favoriten ins Rennen schicken. Mir fiel spontan „Wish You Were Here" ein, das Pink Floyd Album von 1975. Ich rechnete mir keine großen Chancen aus: Der Sender spielte Pink Floyd nicht. Stattdessen lief dort eine Mischung aus Tina Turner, Rod Stewart und Phil Collins. Am Ende stand „Wish You Were Here" an der Spitze von 200 Alben. Die Hörer waren offenbar in ihrer Mehrzahl in meinem Alter und verbanden ähnliche Erinnerungen mit dieser Musik.

Wenn ich Ihnen nun also meine Top Ten der größten Glücksbringer in der Musik vorstelle, ist das zwar wieder eine sehr persönliche Auswahl, aber vielleicht kann ich mit dem einen oder anderen Song ja auch Ihr Glücksgedächtnis anregen.

01 | THE SWEET: Love Is Like Oxygen (1978)
Simple Botschaft: Liebe ist wie Sauerstoff: *Love gets you high* ... Vor allem die lange Albumversion macht mir bis heute Gänsehaut.

02 | 10CC: I'm Mandy Fly Me (1976)
Das hörten wir beim Flaschendrehen in der Teestube des Viktoria-Luise-Gymnasiums. Riecht für mich ewig nach Patchouli und Black Currant Tea.

03 | ELECTRIC LIGHT ORCHESTRA: I Can't Get It Out Of My Head (1974)
Wenn das Ende der ersten Liebe das Ende der Welt bedeutet: Ich kriegs nicht mehr aus dem Kopf ...

04 | NEIL YOUNG: Down By The River (1969)
Aus dem Studenten-Film „Blutige Erdbeeren". Erstmals erschien das Uni-Leben als Abenteuer und nicht mehr als lästige Verlängerung der Schulbank.

05 | CHICAGO: If You Leave Me Now (1976)
Woo-hoo-hoo-hoo now Baby, please don't go ... Große Gefühle, schwitzige Finger beim Schwofen.

06 | MR. BLOE: Groovin' With Mr. Bloe (1969)
Orangefarbene Käfer-Cabrios, Prilblumen an der Wand – und Mr. Bloes Mundharmonika bringt dazu pure Hippie-Lebensfreude.

07 | PINK FLOYD: Shine On You Crazy Diamond (1975)
Hermann Hesse lesen und Erich Fromm, Gedichte schreiben und traurig gucken: David Gilmours Gitarre machte Weltschmerz erfahrbar.

08 | DAVID BOWIE: Sound And Vision (1977)
Autoscooter-Fahrten an der Ostsee, noch ein Freispiel an *Ballys Eight Ball Flipper* und eine Vorahnung von den Verlockungen des Nachtlebens.

09 | THE MONKEES: I'm A Believer (1966)
Aus dem Plattenschrank der älteren Schwestern: Lust aufs Leben, positiv bis zum Kitsch.

10 | GERRY RAFFERTY: Right Down The Line (1978)
Schlicht der schönste Love-Song, der je geschrieben wurde. Bricht mir jedes mal wieder das Herz.

G ut gelaunt
L ecker gegessen
Ü berall zu Hause
C hance genutzt
K öniglich geschlafen

Klaus Nöll, radioeins Hörer

KLEINES GLÜCK GANZ GROSS

STEFAN RUPP
moderiert gemeinsam
mit Christoph Azone
den „Schönen Morgen"
auf radioeins

Glück ist ein großes Wort. So groooooß, dass man „groß" und „Glück" ja auch gerne mal gedankenverloren aneinander pappt: „Das große Glück!" Und im großen Glück gibt es viel Platz. So viel Platz, dass sich darin auch oft eine gehörige Portion Sehnsucht breitmachen kann. Die Sehnsucht wohnt fast immer zur Untermiete im Glück. Das ist in Ordnung ... Aber bitte immer nur ein Zimmer mit Sehnsucht belegen. Sonst wird man unglücklich. Die „Sucht" in Sehnsucht führt wie jede andere Sucht nämlich nichts Gutes im Schilde!
Ich mag das Wort „Glück" eigentlich nicht, weil es eben so groß und sperrig ist. Zu ausladend für den Alltag. Ich mag diese kleine handliche Zufriedenheit, die man überall mit hinnehmen kann. Also eher die Momente des „kleinen Glücks":

Wenn ich nach einer Skiabfahrt durch Pulverschnee auf einer Skihütte in der Sonne eine perfekt gemischte Spezi trinke.

Wenn mein Sohn für seine Fußballmannschaft ein Tor schießt.

Wenn meine Tochter ein Klavierkonzert gibt.

Wenn ich durch meine alte Heimatstadt Düsseldorf laufe und ich mich an unzählige Geschichten und Begegnungen erinnere, die ich mit ganz bestimmten Orten verbinde.

Wenn ich bei der Fußball-WM ein Panini-Sammelalbum voll bekomme.

Wenn ich mit meiner Freundin im Treptower Park am Karpfenteich liege und wir beide nichts sagen müssen, weil man alles spürt.

Wenn ich im Radio ein Lied höre, das ich fast schon vergessen hatte und das mich an die Fahrt mit meiner Mutter nach Südfrankreich erinnert, bei der wir nur eine Musikkassette dabei hatten – und ich deshalb (weil wir sie so oft gehört haben) wie aus dem Nichts einfach mitsingen kann.

Wenn ich etwas zum ersten Mal koche und es erstaunlicherweise allen schmeckt.

Wenn ich Leute NICHT in meiner Muttersprache zum Lachen bringe.

Wenn ich berufsbedingt auf Menschen treffe, die ich schon immer toll gefunden habe.

Wenn ich meinen kleinsten Sohn in den Schlaf wiege.

Wenn ich die Hand meines Vaters halte.

Wenn ich in einem Hotel wohne, das mich wie eine Blase umgibt und mir wie ein fremder Stern vorkommt.

Wenn ein Abend eine überraschende Wendung nimmt: Wenn man sich beispielsweise nur zum Essen verabredet hat und morgens um 6 Uhr im Berghain oder dem Kumpelnest landet.

Wenn ich mir einen großen Traum erfülle, wie zum Beispiel einmal auf der Chinesischen Mauer zu stehen.

Das alles macht mich zufrieden. Und ja ... meinetwegen auch glücklich. Denn wie schon der belgische Schlagersänger Adamo einst sang: „Ein kleines Glück wird manchmal groß."

ÜBER DAS GLÜCK BEIM LESEN

THOMAS BÖHM
Programmleiter „Internationales Literaturfestival Berlin", moderiert jeden zweiten Sonntag mit Lydia Herms „Die Literaturagenten" auf radioeins

Mal ehrlich, Herr Böhm: Wie oft im Jahr lesen Sie ein gutes Buch?
Wenn Sie so fragen: Drei, viermal.
Aber Sie lesen doch bestimmt 200 Bücher. Wie erkennen Sie denn die wirklich guten?

Drei Monate lang hatte ich, immer wenn ich ein neues Buch aufschlug, diesen Wortwechsel im Kopf. Und Sie ahnen es: In dieser Zeit der Selbstüberwachung stellte sich kein echtes Literaturerlebnis ein. Dann aber war es wieder da, das Gefühl. Da es allgemeingültig ist, kann ich auf die Nennung von Autor und Titel verzichten und gleich zur Beschreibung des Leseglücks schreiten: Es stellt sich nach 68 Sekunden ein. So lange braucht man, um die ersten Zeilen zu lesen und auf sich wirken zu lassen. Und dann kommt das untrüglichste Zeichen überhaupt: der körperlich spürbare Wunsch, den nächsten Satz zu lesen. Dieser Wunsch ist nicht zu verwechseln mit dem, den Fortgang der Geschichte zu erfahren. Diesen banalen Wunsch erkennen Sie daran, dass der Zeigefinger ständig versucht, ans Buchende vorzublättern.
Das Leseglücksgefühl dagegen ist, wie gesagt, strikt auf den nächsten Satz gerichtet, auf die nächste wunderbare Formulierung, die dort wartet, auf die nächste Drehung der Gedankenschraube in den Dichtungsring. Immer fester wird die Verbindung, nichts kann Leser und Buch trennen, die Zeit hört auf zu fließen, besteht nur noch aus Punkten, den Punkten am Ende der Sätze. Schließlich ist die Zeit ganz aufgehoben, keine Welt, kein Leben, kein Tod existiert mehr außerhalb des Buches. Zwischen den Schultern entsteht eine gewaltige Spannung, so als wolle der Körper sich zusammenfalten und zwischen die Seiten legen. Leben und Lesen feiern Hochzeit, irgendwann ist es nicht mehr auszuhalten, man

blickt aus blitzenden Augen aus dem Buch auf, sucht jemanden, dem man vorlesen, den man mit dem Hinweis auf dieses Buch beschenken kann, nur um dann wieder einzutauchen in das Buch wie ein Delphin ins Meer.
Dann: Luftholen, aufhören, der Tag ist vergangen, noch ist nicht alles gelesen, zum Glück. Jetzt das Buch neben sich legen, einschlafen, die Wange vom Aufstützen des Kopfes noch gerötet, wie damals, als man zum ersten Mal von einer Geliebten angesprochen wurde. Kurz vor dem Einschlafen noch einmal das Gefühl der Geborgenheit: Das Buch wird bleiben, wachen, warten bis zum Morgen. Wir verlassen den stillgewordenen Raum des Lesens. Buch und Leser haben sich erkannt. Gegenseitig.

DAS GLÜCK AUF DEM RÜCKEN DER FRÖSCHE

RICHARD FASTEN
ist bei radioeins jeden Freitag in der „Schönen Woche" für den Superlivekrimi verantwortlich. Im April 2014 erscheint sein Krimi „Moin" bei Ullstein.

Ich stehe am Fenster und lasse mein Gesicht von der aufgehenden Sonne wärmen. Die Lehmann sitzt schwer im Schreibtischsessel eines Redakteurs und beißt in ihr Wurstbrot. Immer muss sie nach der Arbeit essen. Und ich muss am Fenster stehen und mein Gesicht von der Morgensonne wärmen lassen.

Drei Wurstbrote hat die Lehmann jeden Tag dabei, eingeschlagen in fettiges Pergamentpapier.

Unsere Putzwagen haben wir neben der Bürotür geparkt. Mein Müllsack ist wie immer voller. Ich weiß nicht, woher das kommt, dass ich immer mehr Dreck in den Büros finde als die Lehmann.

„Willste nich doch?", fragt sie und hält mir ein Brot hin. Auf ihrer linken Wange sitzt eine Warze fett wie eine Kröte. Ein langes graues Haar wächst da raus. „Musst doch was essen, Dummchen!"

Ich habe noch nie eines ihrer Brote gegessen. Ich ekele mich vor der Lehmann und ihren Broten. Sie fragt jeden Tag, und ich sage jeden Tag nein. Ich heiße nicht Dummchen.

Sie beißt in ihr Brot und schiebt ein graues Haar zurück unter ihr Kopftuch. Sie stinkt. Wie nass gewichste Socken, sagt der Farin.

„Haste den Farin heute schon gesehen?", fragt sie und rülpst leise.

Ich schüttele den Kopf, ohne mich umzudrehen. Der Farin ist ein feiner Mann. Er riecht gut. Ganz anders als die Lehmann. Ich mag Menschen, die gut riechen. Über seine Beine, die ein bisschen schief geraten sind wie Froschbeine, kann ich deshalb hinwegsehen. Aber er kann über meinen Rücken nicht hinwegsehen, der ein bisschen schief geraten ist.

„Wahrscheinlich is er wieder hinter die Weiber her", quakt die Lehmann und lacht. Zwischen ihren Zähnen kleben Wurst- und Brotreste.

Das wird er wohl. Wir gehören nicht zu den Weibern, die Lehmann und ich. Sie mit ihren grauen Haaren und ihrem Gestank nach nass gewichsten Socken und ich mit meinem schiefen Rücken. Der Farin kann andere haben. Blonde und welche mit geradem Rücken. Ich mag ihn trotzdem, den Farin. Manchmal hilft er mir, den schweren Müllsack in den Container zu heben, obwohl er das nicht müsste, weil er der Chef unserer Kolonne ist.

Die Lehmann gähnt und packt ihre Tasche zusammen. Wir müssen los, bevor die ersten Redakteure ins Funkhaus kommen und unser Geheimnis hier oben entdecken.

Die Tasche von der Lehmann ist groß und unförmig. Genauso eine hat der Herr U-u auch. Der Herr U-u wohnt ein Stockwerk über mir. Er trägt gerne graue Anzüge und bunt gemusterte Krawatten. Und unter dem Arm hat er immer eine unförmige Damenhandtasche dabei, von der ich lange nicht wusste, was da drin ist. Der Herr U-u ist oft unterwegs. Wahrscheinlich geht er ins Theater, Ballett oder zum Kurkonzert. Solche Sachen eben, die man von einem rüstigen Rentner erwarten darf.

Eigentlich heißt er Brzezinka, das steht zumindest an seiner Türklingel, aber ich weiß nicht, wie man diesen Namen ausspricht. Deshalb habe ich ihn für mich Herr U-u getauft. Wenn man an seiner Tür vorbeigeht, kann man aus seiner Wohnung manchmal ein Geräusch hören, das wie U-u klingt. Ich habe mal gelesen, dass das Froschmännchen ‚U-u' quakt, wenn sich ein anders Froschmännchen auf seinen Rücken klammert, um es zu begatten. Frösche sind nämlich sehr kurzsichtig, und es gibt beinahe dreimal so viele Froschmännchen wie Froschweibchen. Deshalb werfen sich die Froschmännchen auf alles, was nur ein bisschen so aussieht wie ein Froschweibchen, und die Natur hat sich als Warnung den U-u-Ruf für die Männchen einfallen lassen, damit es nicht zu sehr drunter und drüber geht.

Als ich das erste Mal das U-u-Geräusch aus der Wohnung von dem Herrn Brzezinka gehört habe, habe ich mir gedacht, warum das, was bei den Fröschen so prima klappt, nicht auch gut für die Menschen sein sollte, und die meisten Männer wissen nur nicht, dass sie U-u rufen würden, wenn sich ein Mann auf ihren Rücken klammert, um sie zu begatten, weil es eher selten passiert, wenn sie es nicht wollen. Oder sie wissen es und sagen es den Frauen nicht, weil es ihnen peinlich ist. Die Vorstellung, dass der Herr Brzezinka sich mit seiner Damenhandtasche auf die Rücken anderer Männer klammert, oder umgekehrt, sie sich auf seinen, und sie dazu ‚U-u' quaken, weil sie kurzsichtig sind und Frauenmangel haben, hat mich eine ganze Weile beschäftigt.

Der Herr U-u ist sicher über siebzig, und ich denke, dass man in dem Alter eigentlich keinen Sex mehr haben sollte. Es ist nicht schön, so zu denken, ich sollte mich lieber für den Herrn U-u freuen, dass er auch mit über siebzig noch Sex hat, ob mit oder ohne U-u. Aber ich denke eben manchmal so. Vielleicht, weil ich selbst keinen Sex habe.

Die Froschrufe aus der Wohnung von dem Herrn Brzezinka stammen übrigens von einer alten Kuckucksuhr. Das hat mir die Majakowski aus dem dritten Stock erzählt, ohne dass ich sie danach gefragt hätte. Die würde ich nie nach etwas fragen.

Eigentlich sollte man in diesem Alter keinen Sex mehr haben.

Gerade die Majakowski! Die macht dem Herrn U-u schöne Augen. Der merkt das nicht, wie sie ihm nachschleimt, oder er will es nicht merken, was auch gut sein kann.

Die Majakowski hat erzählt, der Herr U-u sei nicht immer so rüstig und aktiv gewesen. Nach dem Tod seiner Frau habe er sich gehen lassen, Alkohol und so, ich wüsste schon.

„Wahrscheinlich hat er sich schuldig an ihrem Tod gefühlt“, hat sie gesagt und meine Handgelenke mit ihren runzeligen Fingern fest umklammert gehalten. „In der Nacht musste sie raus, ist aufs Klo gegangen, und Paff hat sie der Schlag getroffen. Wenn der Herr Brzezinka nicht so fest geschlafen hätte, wäre sie vielleicht noch zu retten gewesen. Aber als er sie am Morgen gefunden hat, war es zu spät. Mit dem Gesicht hat sie in ihrer eigenen Pisse gelegen. Aber heute ist der Herr Brzezinka fast wieder so wie früher, als seine Frau noch lebte. Wenn er nur nicht immer mit ihrer alten Handtasche herumliefe! Wie einer vom anderen Ufer! Weiß der Teufel, was er da drin hat!“

Normalerweise merke ich mir solche Sachen nicht, die mir Leute wie die Majakowski ins Hirn klopfen wollen. Der Platz in meinem Kopf ist begrenzt, ich brauche ihn für meinen eigenen Kram, aber als ich den Herrn U-u am nächsten Tag auf der anderen Straßenseite gesehen habe, fiel es mir wieder ein und ich ging zu ihm rüber, weil ich wissen wollte, was der Teufel weiß und die Majakowski nicht.

Der Herr U-u war gar nicht böse über meine Frage.

„Da ist meine Frau drin“, sagte er freundlich und klopfte gegen die Tasche. „So hab ich sie immer bei mir, und es kann ihr nichts mehr passieren.“

Die Majakowski hat auch erzählt, dass seine Frau eingeäschert wurde, und ich denke, dass das alles richtig ist und gut, was der Herr U-u macht, und dass das ein

großes Glück und eine große Liebe gewesen sein muss zwischen ihm und seiner Frau.
Ich wünschte, ich könnte auch ein so großes Glück haben, dass mich später jemand in meiner Handtasche herumträgt, damit mir nichts mehr passieren kann, und ihm egal ist, dass er sich damit lächerlich macht. Aber das ist nicht sehr wahrscheinlich, weil ich keinen Sex habe, was wohl die Voraussetzung dafür ist, später in einer Handtasche herumgetragen zu werden.
Nicht einmal der Farin hätte mich später mit sich herumtragen wollen, obwohl er selbst schiefe Froschbeine hat. Ich habe ihn gefragt, obwohl ich das sonst nicht frage, und er hat nein gesagt wie ich zu einem Wurstbrot von der Lehmann. Ob ich schon mal meinen Rücken im Spiegel angesehen hätte?! Da würde ein Mann ja schwul von werden. Gelacht hat er dazu, aber es war kein feines Lachen, obwohl der Farin sonst ein feiner Mann ist.
„Komm schon, Dummchen, wir müssen …!", ruft die Lehmann und bugsiert ihren Putzwagen zur Bürotür raus. Ich folge ihr langsam mit meinem. Unten wird sie mir helfen müssen, meinen schweren Müllsack in den Container zu heben. Ich schaffe das ja nicht alleine. Das kann man nicht verlangen von einer mit schiefem Rücken. So ein Müllsack ist keine Handtasche. Und heute ist er besonders schwer. Schlank war er nicht, der Farin.

Glückliche radioeins Hörer: Julia und Luzie (oben), Kathrin mit Kindern, Anja und Stefan

Fotos auf dieser Seite: © Thomas Schmidt // Foto unten rechts: © Renate Ackermann

Glück versuche ich zu vermeiden. Ich kenne seinen Preis ja nicht.

Alexander Kugelstadt, radioeins Hörer

WAS IST DAS GLÜCK FÜR DICH?

MARK SCHEIBE schreibt jeden Tag ein Lied. Auf seiner Facebookseite kann man täglich Wörter posten, die mit ein bisschen Glück vertont werden. Mehr unter www.markscheibe.de (Foto: © Jenny Sieboldt)

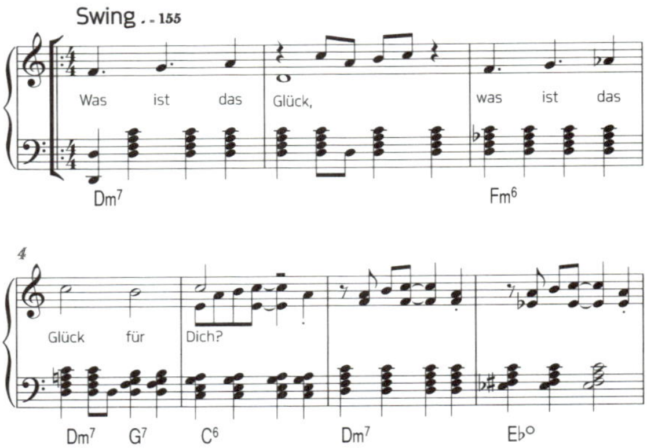

27
a - len und Re - geln, glaubt man Pries-tern und I - ma - men. Manch ei - ner
Händ lern ver - spro-chen und sein Ha - ken heißt Spi - ra - le. Im Na-men des
C6 C#o Dm6 G7 C6 Gm7 C7 Em9 A7 Dm7
34
setzt auf Ver - zicht und As - ke - se, An - de - re lie - ben po - ly - gam.
Glücks wer - den E - hen ge - bro-chen, Glück kennt zum Glück kei-ne Mo - ral.
A7 Dm7 A7 Dm E7(b9) A7(#5) Dm7 Gm7 C7
41
Meistkommt es sel - ten, sel - ten dick. Und in wel-chem Au-gen-blick auf der Le-bens uhr, die
F G13 Em7 A7 Dm7 G9 C6
48
ste-tig tickt hat sich mein Glück vor mir ver-steckt und Was ist das Glück,
Gm7 C7 F G13 Em7 A7 Dm7
55
was ist das Glück für Dich?
Fm6 Dm7 G7 C6 Dm7
1.
59
Dich?
Ebo G7(SUS4) C6
2.

WENN ES BLEIBT

ANJA GOERZ

moderiert auf radioeins den Vormittag von 10 - 13 Uhr, veröffentlichte die Romane „Herz auf Sendung" und „Mein Leben in 80 B", beide rororo. Im April erscheint bei dtv ihr erstes Sachbuch „Der Osten ist ein Gefühl"

(Foto: © rbb / Jenny Sieboldt)

Wie sehr sich doch die Ansicht darüber, was Glück bedeutet, mit den Jahren ändert. Als Kind war es ein großes Glück, wenn ich eine Tafel Schokolade ganz für mich alleine hatte, und sie nicht mit meiner Schwester teilen musste. Später fühlte ich mich glücklich, wenn ich mit einem dicken Stapel Bücher aus der Bibliothek nach Hause ging und wusste, ich kann mich stundenlang in andere Welten vertiefen. Als Jugendliche vermutete ich das große Glück in der Liebe und erlebte oft, dass Verliebtheit, Küsse und Briefe von einem Jungen nicht unbedingt einhielten, was die Geschichten darüber an Glück versprachen.

Tatsächlich empfinde ich es heute, mit Mitte vierzig, als ganz großes Glück, einen Mann gefunden zu haben, den ich liebe und der mich liebt. Der mich bestärkt in meinen Wünschen, der mich auffängt, wenn es einmal nicht so gut läuft, der an mich glaubt und mir das auch sagt.

Ein Kind zu bekommen, soll das größte Glück auf Erden sein. Ich bin glücklich über meinen wunderbaren und einzigartigen Sohn. Allerdings ist ja wohl eher das „Kindhaben" ein Glück, denn ich kann mich nicht daran erinnern, dass ich während der 15-stündigen Wehen gedacht hätte: Was für ein Glück, dass ich das erleben darf!

Je älter ich werde, desto mehr kann ich das kleine Glück genießen: einen sonnigen Herbsttag, bei dem ich das Eichhörnchen in unserem Garten beim Nüsse vergraben beobachte, Mamas Rouladen mit ganz viel Sauce, eine Jeans, die beim ersten Anprobieren passt, früh am Morgen aufzuwachen und beim Blick auf den Wecker festzustellen, dass man sich noch mal umdrehen kann, oder wenn ich einen Gast im Studio habe und wir beide im Gespräch vergessen, dass noch viele andere zuhören.

Das Glück geht oft mit dem Unglück Hand in Hand. Natürlich wird einem besonders dann bewusst, wie viel Glück man hat, wenn man andere sieht, denen es nicht

so gut geht. Von schlimmen Krankheiten und unberechenbaren Schicksalsschlägen bin ich bisher weitgehend verschont geblieben.
Meine Familie und meine Freunde machen mich glücklich. Ganz einfach, weil sie da sind. Weil sie sich um mich sorgen und kümmern, ohne dafür eine Gegenleistung zu erwarten. Weil diese Menschen mich aushalten, auch mal den Mund halten, wenn ich ihnen ganz schrecklich auf die Nerven gehe; weil sie mich nehmen, wie ich bin, und nicht versuchen, mich zu ändern. Daran denke ich nicht von morgens bis abends, aber manchmal passiert etwas: Ich bekomme ein Päckchen von meiner Mama, mit den unvergleichlichen dänischen Schokoriegeln, ich lese einen Satz in einem Buch, der so schön ist, dass ich innehalte und ihn mehrmals wiederhole oder ich höre einen ganz bestimmten Song, zum Beispiel „Blaue Augen" von Ideal, der mich sofort an den Strand in Westerland in einen sehr glücklichen Sommer 1988 katapultiert – bei solchen Gelegenheiten wird mir das kleine Glück bewusst.
Vielleicht ist Glück so besonders, weil man es nicht beeinflussen kann. Etwas, was man sich nicht verdienen kann und für das man sich nicht extra anstrengen muss. „Das Glück ist mit die Doofen", hat meine Mama gern gesagt. Kern dieser Weisheit ist wohl, dass man das unverhoffte Glück mit sehr viel Leichtigkeit im Hirn sehr viel besser wahrnehmen kann; dass man nicht darüber nachdenken sollte, warum das Glück einen gerade besucht und wie lange es wohl bleibt.
Das Glück kommt ganz einfach unvermittelt von irgendwo zu irgendwem. Und wenn es bleibt, jedenfalls ein kleines Weilchen, dann ist das doch schon etwas.

Je älter ich werde, desto mehr kann ich das kleine Glück genießen.

„MAN MUSS DAS BÖSE IN SICH ZULASSEN"

DIETER NUHR

Kabarettist, Comedian und Autor, moderiert im Ersten den „Satire Gipfel"; zuletzt erschien sein Buch „Das Geheimnis des perfekten Tages", Bastei Lübbe.

Der Kabarettist Dieter Nuhr im Gespräch mit radioeins Moderator Steen Lorenzen

Lorenzen: Eine kleine Reise durch Raum und Zeit ermöglicht es mir, jetzt mit Dieter Nuhr zu sprechen, und zwar in der heißen Vorbereitungsphase seiner Sendung „Nuhr im Glück", die in der Biosphäre Potsdam stattfindet. Und da wir schon mal so unbeschwert im Zeitkanal unterwegs sind: Könnte man dich mit einer Zeitreise deiner Wahl glücklich machen?

NUHR: Ehrlich gesagt, nein, weil ich glaube, dass es uns heute besser geht als je zuvor. Ich möchte nicht ins Mittelalter zurück, als marodierende Ritter einem den Schädel abgeschlagen haben, weil man an der falschen Ecke gestanden hat, oder als man mit 23 gestorben ist, weil einem der Zahn vereitert war. Ich finde es sehr schön, dass ich in einer Zeit lebe, in der die Zahnärzte über Betäubungsmittel verfügen.

Lorenzen: Und in die andere Richtung? Nach vorne?

NUHR: Hab ich schon wieder bisschen Angst: Da ist dann wahrscheinlich alles viel zu schnell für mich. Ich bin wirklich technikaffin, aber wenn ich sehe, wie meine Tochter auf der Tastatur ihres iPhones rumtippt, denke ich: Da kommst DU nicht mehr hin. Nee, Zukunft lieber nicht.

Lorenzen: Wer weiß, was die Zahnärzte dann mit uns machen.

NUHR: Ja, wer weiß, ob wir dann überhaupt noch Zähne haben.

Lorenzen: Die Zeitreise in deinem Buch „Das Geheimnis des perfekten Tages" beginnt um 5:21 Uhr. Und das ist durchaus ein glücklicher Moment in deinem Leben, denn du wachst auf und freust dich darüber, dass...

NUHR: ... ich weiterschlafen kann, wenn ich mich recht erinnere. Das ist ja schon lange her, dass ich das Buch geschrieben habe, deswegen weiß ich manchmal gar nicht mehr, was ich geschrieben habe. Aber ich finde, ein guter

Tag sollte damit anfangen, dass man aufwacht und denkt: „Mensch, 12 Uhr. Verpennt!" Ist einfach ein guter Tag dann.

Lorenzen: Nun hast du schon erwähnt, dass du Vater bist. Du wirst dich auch noch an 5:21 Uhr erinnern, als es hieß: Milchflasche warm machen! Also ist 5:21 Uhr nicht immer ein Glücksmoment.

NUHR: Das erste halbe Jahr war super, weil man als Mann sagen kann: „Milch schießt einfach nicht so richtig ein." Das war bei mir auch so.

Lorenzen: Ansonsten schreibst du nicht viel über dein Familienleben, obwohl das Buch ja das Minutenprotokoll eines Tages ist. Das erschwert mir ein bisschen, über Glück zu reden, denn für viele findet das Glück in der Familie statt. Ich traue mich jetzt gar nicht zu fragen, ob das bei dir nicht der Fall ist?

NUHR: Doch, doch. Ich bin eigentlich recht glücklich mit meiner Familie. Und deswegen erzähle ich da auch nichts drüber. In dem Moment, in dem ich anfange, über meine Tochter zu reden, ist sie ja vogelfrei. Dann muss sie sich überall fotografieren lassen, und wir haben auch gar keine richtigen Vorhänge vorm Badezimmer, und dann fürchte ich, dass jemand mit einem Leiterwagen kommt und reinfilmt.

Lorenzen: Aber du könntest zumindest nicken, wenn ich dich frage, ob ihre ersten Schritte oder als sie das erste Mal ihre Hose alleine angezogen hat, nicht doch Glücksmomente waren?

NUHR: Das waren Glücksmomente – und jetzt ist sie siebzehn. Jetzt schafft sie es sogar, sich die Hose alleine wieder auszuziehen. Wahrscheinlich nicht mehr in meinem Beisein, sondern im Beisein anderer Kerle. Ich finde es jetzt übrigens viel schöner als damals: Jetzt hat man da einen fast erwachsenen Menschen, mit dem man am Küchentisch sitzen und Scheißdreck daherreden kann. Und Erziehung kann man vergessen, weil das jetzt eh nichts mehr bringt – das ist wirklich entspannend.

Lorenzen: Um 7:46 Uhr in deinem Minutenprotokoll gibt es den ersten längeren Gedankenstrom zum Thema Glück, ich zitiere: „Ich sehe die Welt als Lebensort, nicht als Sterbehospiz." Das ist für einen Philosophen vielleicht ein guter Ansatz, aber für einen Kabarettisten?

NUHR: Es ist in der Tat so, dass ich damit als Kabarettist ab und zu anecke. Weil: Der Kabarettist ist ja empört, und er möchte, dass am Ende auch alle anderen empört sind, und auf seinem Grabstein soll stehen: Es war empörend! Und da sage ich: Herzlichen Glückwunsch, aber ich möchte aus meinem Leben ein bisschen mehr machen. Ich möchte glücklich sein, und ich möchte den Anderen helfen beim Glücklichsein. Wenn man auf einer Bühne steht und ein paar tausend Leute lachen, dann ist das schon ein sehr erhebender Moment, weil er einfach glückserzeugend ist.

Lorenzen: Aber ganz ohne Nörgeln kommst du auch nicht aus: Meine erste große Enttäuschung kommt bei 7:49 Uhr, da outest du dich als Autofahrer, der gerne mal auf die Tube drückt und der Tempo-30-Zone entkommt. Das find ich nun wiederum für einen Philosophen zu wenig.

NUHR: Das Witzige ist ja, dass man auch das Böse in sich zulassen muss, um glücklich zu werden. Ich glaube, wenn Leute hinterm Steuer sich nicht mehr aufregen, dann sind sie emotional tot. Eine Grundfunktion des menschlichen Körpers ist zu rufen: „Fahr, du Drecksau!" Ich weiß, dass das nicht gut ist. Ich tu's trotzdem.

Lorenzen: Schön …Dann kommen wir jetzt zu der vielleicht nicht so glücklichen Seite des Lebens: Du stellst auch in deinem Buch die Frage nach dem Sinn hinter allem. Immer wieder. Das läuft in dir offenbar, wie in vielen von uns, ständig ab. Diese Momente sind dann wahrscheinlich nicht mehr so glücklich, oder?

NUHR: Aber auch nicht so unglücklich. Es nimmt einem ja auch Verantwortung. Wenn man ernsthaft das Leben betrachtet, stellt man fest: Es besteht aus Verdauung, Stoffwechsel und Fortpflanzung. Das sind die zentralen Momente. Man gibt sich sehr viel Mühe, sich ein kulturelles Mäntelchen drum herum zu stricken, aber am Ende landet man in der Kiste und die Würmer fressen einen. Viele Leute empfinden das als depressiv, wenn ich das sage; ich empfinde das gar nicht so. Es enthebt einen auch der Verantwortung, immer so tun zu müssen, als wäre etwas ganz Großes im Gange. Das Leben ist weder groß noch klein, sondern eher so mittel, und damit kann ich gut leben … Wenn ich mal weg bin, habe ich viel dafür getan, dass Leute behalten, was ich gemacht habe. Aber es ist dennoch völlig chancenlos, denn irgendwann weiß keine Sau mehr, wer is'n der Kerl gewesen? Und das ist auch gar nicht schlimm, weil in dem Moment bin ich ja schon zerfressen. Ich versuche diese 120, 130 Jahre, die mir auf Erden bleiben, gut zu füllen und Spaß dabei zu haben. Und damit geht's mir eigentlich sehr gut.

Ich habe mein Glück gesucht und gefunden. Jetzt ist mir langweilig.

Mareike Almedom, radioeins Hörerin

STIMMT'S – ODER HAT ER RECHT?

CHRISTOPH DRÖSSER
klärt im „Schönen Morgen" auf radioeins jeden Tag über die Geheimnisse des Alltags auf (Foto: © Nicole Sturz)

Stimmt's, dass die Glückskekse aus China stammen?

Im China-Restaurant kriegt man oft zum Abschluss des Essens Glückskekse, und man freut sich über diese scheinbar alte chinesische Tradition. Aber weit gefehlt: Zwar ist bis heute nicht ganz klar, wo die Glückskekse erfunden wurden – sicher ist aber: Es war in Kalifornien. San Francisco und Los Angeles streiten sich darum, wo denn diese Kekse mit dem eingebackenen Sinnspruch zum ersten Mal verkauft wurden. Auch über den Zeitpunkt der Erfindung herrscht Uneinigkeit, es muss irgendwann kurz vor dem Zweiten Weltkrieg gewesen sein. In China selbst dagegen sind diese Kekse weitgehend unbekannt. 1989 hat einmal Unternehmer versucht, in Hongkong ein Glückskeksgeschäft auf die Beine zu stellen. Er pries sein Gebäck als „Original amerikanische Glückskekse" an, aber so richtig Fuß gefasst hat dieser Brauch in China nicht. Die Chinesen fanden die Sache offenbar zu amerikanisch.

GLÜCKSKEKSE

Ja, ich gestehe! Ich koche nicht immer selbst, manchmal bestelle ich auch, gerne asiatisch, manchmal chinesisch. Wenn man viel und gut bestellt, bekommt man Geschenke: große Flaschen Pflaumenwein und kleine Kekse in Zellophan mit noch kleineren Zetteln darin – Glückskekse! Das Problem: Die Kekse schmecken nicht, und die Sprüche sind oft total verkopft, weil sie nach alten chinesischen Philosophen klingen sollen. Dabei kommt der Glückskeks eigentlich aus Japan, na gut, so wie wir ihn kennen, von der amerikanischen Westküste, aber das soll hier keine Belehrung werden, sondern eine Top Ten der besten Glückskekssprüche:

10 | Geld allein macht nicht unglücklich!
09 | Auf einer Skala von 1 bis 10 siehst Du heute gut aus!
08 | Der Weg ist das Ziel, aber manchmal ist das Ziel im Weg.
07 | Das WLAN-Passwort heute Abend lautet „27süsssauer".
06 | Das eben war gar kein Hühnchen!
05 | Leider kein Gewinn!
04 | Für die wirklich wichtigen, tiefgründigen und essenziellen Weisheiten ist in Glückskeksen einfach zu wenig Pla
03 | Nimmer diesen Monitor legen, wo der Schnur von Personen darauf spazierengehen grausam behandelt wird!
02 | Kennt denn niemand ein leckeres Keksteigrezept?
01 | Hilfe, ich bin in einer Glückskeksfabrik gefangen!

SVEN OSWALD
moderiert immer sonntags mit Daniel Finger von 9 bis 12 Uhr die Sendung „Zwei auf Eins" auf radioeins

VOM GLÜCK, ALTE AUTOS ZU FAHREN I

ANDREAS KESSLER
radioeins Autopapst, moderiert zusammen mit Patricia Pantel sonntags von 12 bis 14 Uhr „Die Sonntagsfahrer"
(Foto: © Jim Rakete)

„Das höchste Glück dieser Erde liegt auf dem Rücken wilder Pferde." – Dieses von mir frei übersetzte Sprichwort aus der arabischen Welt würde, wenn man es in die heutige Zeit transponierte, wahrscheinlich eher „Das Leben ist zu kurz, um es mit kleinen Autos zu verbringen" lauten.
Beiden Aussprüchen wohnt eine gewisse Verwegenheit inne. Muss es unbedingt ein wildes Pferd sein? Kann man nicht auch auf einem Esel zum Markt reiten? Und tut es nicht auch der „downgesizte" 3-Zylinder anstelle des bollernden Kompressor-V8?
Die Antwort lautet eindeutig: NEIN! Man wird mit „Gehhilfen" à la Esel oder Korea-Kleinwagen einfach nicht glücklich! Der Esel ist störrisch und das Armaturenbrett im Billigmobil aus hässlichem Hartplastik. Wer nun denkt, dass man sehr einfach mit viel Geld (für ein teures Rennpferd oder einen grimmigen Sportwagen) glücklich wird, der irrt allerdings. Wahres Glück hinter dem Lenkrad eines beliebigen Autos stellt sich erst ein, wenn bestimmte Saiten im Innern des Fahrers angeschlagen werden.
Gerade diese sollen aber nach der herrschenden und öffentlich am häufigsten genannten Meinung möglichst gar nicht in Schwingungen versetzt werden. Wer sich heute ein Auto kauft, ist stets bemüht, seine Entscheidung psychologisch zu rationalisieren. Das Auto soll ein reines Fortbewegungsmittel sein, umweltfreundlich gebaut und sozial verträglich. Nur dann ist der Autokauf politisch korrekt – und überhaupt zu rechtfertigen. Glücksmomente sind im Prozess eines Autokaufs nicht vorgesehen.
Diese Entwicklung hält schon seit einigen Jahren an und hat bereits zu Verwerfungen auf dem Automarkt geführt. Für die nachwachsende Generation ist es deshalb keineswegs das höchste Glück, am Tag des 18. Geburtstags mit druckfrischem Führerschein den Schlüssel in das Zündschloss des ersten eigenen Autos stecken zu

dürfen. Ein Auto ist für sie zu teuer, zu unpraktisch und nicht pc. Glücklich wird die junge Generation deshalb stattdessen mit Smartphone, Tablet und Carsharing.
Wo ist sie nur geblieben, die Faszination von Käfer, Ente, Manta und Co? Sie ist gar nicht weg! Denn wenn die oben genannten Youngster (so jung sind die teilweise gar nicht mehr) auf der Straße eines der quietschbunten Autos aus den 70ern sehen, beginnen ihre Augen zu funkeln: „So eins hatte Papa auch mal ..." Das Funkeln ist manchmal sogar etwas feucht, zu schön sind die Erinnerungen an Sonntagsausflüge zum Badesee und die Weihnachtsfahrt zu Oma ins Sauerland. Das war Glück!
Wer diese seltenen Momente der Rückbesinnung an die eigene Kindheit festhalten will, kauft nicht selten doch ein eigenes Auto. Aber keins der chipgefüllten Plastikeier aus den Werbespots der Autoindustrie, sondern – genau! – das Auto von Papa oder Tante Petra. Genauso bunt, genauso plüschig und: genauso groß! Mit 3-Liter-Reihensechszylinder und Propeller auf der Haube oder mit dem 2,3-Liter V6 aus Köln. Gerne als Kombi, dann meistens aus Schweden. Und gute Sterne sind sehr oft dabei, die braucht der Autofahrer mit solchen Schlitten mehr denn je, denn Airbag, ABS und Servolenkung hatte diese Autogeneration nur sehr selten. Dafür einen Geruch im Innenraum und Geräusche unter der Haube, die sofort sämtliche Emotionen freisetzen, die das Glück der Kindertage wiederbringen.
Etwas weniger prosaisch betrachtet, haben auch Autoverweigerer mit den erhaltenen Vertretern des automobilen Kulturgutes die Chance, den Evolutionssprung vom „Neuwagenbediener" hin zum „Autofahrer" zu vollziehen. Und wer diesen Prozess mit wachen Sinnen vollzieht, ist stets in einer glücklichen Lage.

VOM GLÜCK, ALTE AUTOS ZU FAHREN II

PATRICIA PANTEL
moderiert zusammen
mit dem radioeins Autopapst
sonntags von 12 bis 14 Uhr
„Die Sonntagsfahrer"
(Foto: © Jim Rakete)

Ich bin – laut Definition des Autopapstes – eine dieser glücklichen Autofahrerinnen! Mein Auto ist fast 25 Jahre alt, von ABS oder Start-Stopp-Automatik-Schnick-schnack hat es noch nie gehört. Es verfügt noch über eine echte Stoßstange und ist eins von den Autos, bei denen sich Autodesigner noch Gedanken gemacht haben. Es hat Charakter! Rein optisch schon mal ein Auto, das glücklich macht! Und Rost haben andere schließlich auch.

Eine „psychologisch rationalisierte Entscheidung" – nein, das sicher nicht! Das schiere Streben nach Glück: DAS ist das Entscheidungskriterium für so ein Auto. Und dafür bekommt man: viele glückliche Momente, wenn man zusammen fährt. Na gut, wenn ES fährt!

Alte Autos schärfen die Sinne, machen sensibel auch für kleinste Auffälligkeiten, halten jung im Kopf. Vergessen Sie Sudoku! Alte Autos zu fahren ist echtes Gehirnjogging: „Könnte dieses leichte Schleifen beim Bremsen bedeuten, dass ich schon wieder auf dem Bremsklotz fahre?", „Ist das Quietschen vielleicht schon wieder das Querlenker-Gummi?" und „Was ist das bloß für ein Triller-Pfeif-Geräusch?"

Und was ist das dann für ein Glück, wenn man nach neun Monaten Geräuschbeobachtung bzw. -belauschung, nach gefühlten hundert Besuchen in der Werkstatt, nach hundert Mal Vorführeffekt und der laut ausgesprochenen Reaktion des Schraubers: „Ich hör nichts" – sowie der gedachten Reaktion: „Es trillert? Ja, klar! Vermutlich bei der im Kopf!" – was ist es also für ein Glück, wenn man nach neun Monaten werkstattlich bestätigt bekommt: Nein, sie hat keinen Vogel, es war die Tachowelle.

Und das ist sogar doppeltes Glück: Wann sonst hätte man dieses Teil an seinem Auto überhaupt kennengelernt?

Nie! Völlig unbeachtet hätte es bei einem Neuwagen einfach so vor sich hin funktioniert. Aber wir Alt-Autofahrer tauchen ein in die Gedärme unseres Autos.

Und haben dabei so viel Glück: zum Beispiel, wenn plötzlich eine Stichflamme aus dem Blinkgeber hochschießt. Erstens: Wann hat man schon mal das Glück, ein Feuerchen im Auto zu haben? Glücklich ist dann zweitens auch noch, wer direkt eine Wasserflasche neben sich zu stehen hat und beherzt den gesamten Inhalt in den Blinker kippt. Drittens ist dann zwar die gesamte Elektrik glücklich im Arsch, aber mehr Feuer wäre auch keine Lösung gewesen. Ich sag ja: Glück! Dreifach Glück!

Auch in punkto „unerwartete Zusatzfunktionen" haben diejenigen, die ein altes Auto fahren, einfach Glück! Während bei neuen Autos jede Menge Features schick mitgeliefert werden und ab da für glückliche Überraschungen völlig unbrauchbar sind, entwickelt das Charakter-Auto aus einer vergangenen Zeit mitunter schier erstaunliche Zusatzfähigkeiten: Zack – hatte ich ein Auto mit Fahrstuhl! Und das ohne Aufpreis. Welch ein Glück!

Okay, es ging nur nach unten. Okay, ich saß plötzlich quasi auf dem Bodenblech. Okay, der Sitz war durchgebrochen – und: Okay, ich konnte während des Fahrens nicht mehr übers Lenkrad gucken. Aber hey, das Leben ist doch ansonsten schon so durchgeplant. Da kann man doch von Glück reden, wenn mal was Unerwartetes passiert. „Perspektivwechsel" – für so was zahlen andere viel Geld.

Außerdem sind alte Autos gut fürs Zwischenmenschliche! Welcher gesichtslose Schischi-Neuwagen bietet schon wirklich und ehrlich den Anlass, mit Leuten ins Gespräch zu kommen? Meine Gespräche beginnen zwar meistens mit den Worten: „'tschuldigung, könnten Sie mir Starthilfe geben?" Aber man muss jetzt auch nicht kleinlich sein, Gespräch ist Gespräch. (An dieser Stelle nur kurz ein Einschub: Man glaubt ja gar nicht, wie viele Männer nicht wissen, wo bei ihnen im Auto die Batterie ist. Mit einem hab' ich mal fast 'ne halbe Stunde gesucht, bis wir sie schließlich unter dem rechten Rücksitz fanden, den wir für die Starthilfe dann halb ausbauen mussten.)

Fakt ist: Man kann wirklich unzählige nette Kontakte schließen – mit Kabel UND Mensch! Auch morgens um 4 Uhr bei minus 6 Grad im Schnee. Genau daraus könnten sogar ganze Beziehungen fürs Leben entstehen! Ich will nicht den Himmel versprechen – aber es KÖNNTEN!

Weitere Momente des Glücks, die einem so ein patiniertes Altauto bescheren kann: Waschanlage! Nicht nur: wisch-wasch – durch – und sauber! Richtig Spaß macht es doch erst, wenn man – während von draußen die Lappenmonster wüten

– drinnen sitzt und wie eine Topcheckerkrake mit acht Armen jede undichte Stelle abdichtet. Wo sind sie denn sonst noch – die großen Herausforderungen des Lebens? Außerdem kann man die manchmal sehr nassen Lappen anschließend direkt noch zum Putzen des Auto-Innenraums verwenden. Was für ein Glück!
Werkstatt! Man bekommt einen durchaus innigen Kontakt mit dem, was andere einfach nur Werkstatt nennen. Ich habe mittlerweile sämtliche Handynummern von allen dort. Nenne alle beim Vornamen, weiß, wie die Kinder heißen, und wenn ich dann mal wieder da bin – im Zwei-Wochen-Rhythmus treffen wir uns schon –, dann plaudern wir. Nette Leute! Was für ein Glück!
Ersatzteile! Wenn was kaputt ist, dann muss nicht gleich die ganze Vorderfront samt integrierter Lichtanlage und Seitenspoiler ausgewechselt werden – nein, einfach der Motor genügt! Und davor hatte man das Glück, wie ein vor weißem Rauch schwelender Komet über die Autobahn zu düsen. Man hatte das Glück, morgens um 4 Uhr den Sonnenaufgang am Rande der Autobahn zu genießen. Und man hatte das Glück endlich auch mal wirklich zu sehen, dass ein Zylinderkopf überhaupt nicht wie ein Zylinder vom Zauberer aussieht.

Na ja, es gäbe noch viele weitere sehr glückliche Momente ... Aber ich will Sie ja nicht neidisch machen.

Glück ist für uns - die Schulcafeteria, unsere Familien, unsere Musik, Unterrichtsschluss, unsere Freunde, unser Können, unsere Klasse!

Klasse 8b, Beethoven-Oberschule, Berlin-Lankwitz

VERTONTES GLÜCK

VOLKER DÜSPOHL
leitet die radioeins Online-Redaktion; in seiner Kolumne „Schöner Hören" begibt er sich jeden Donnerstag um 18:20 Uhr auf die Suche nach Songs, die ein Thema vertonen

Mit Musik ist das so eine Sache. Musik kann glücklich machen, soviel steht fest. Aber gleichzeitig gilt: Musik, die glücklich macht, muss nicht glücklich klingen. Wie sonst wäre es zu erklären, dass immer mehr Musik in Moll veröffentlicht wird – also Musik, die tendenziell trauriger klingt als solche in Dur –, bei der sich die Musikkonsumenten aber trotzdem nicht reihenweise umbringen?

We're up all night, til the sun
We're up all night to get some
We're up all night for good fun
We're up all night to get lucky
(Daft Punk: Get lucky)

„Get lucky" von Daft Punk, der definitive Sommerhit dieses Jahres, ist in Fis-Moll geschrieben und wirkt trotzdem unglaublich positiv und aufmunternd, zumindest auf so schlicht gestrickte Seelen wie die meine. Musik ist nun mal eine extrem individuelle Angelegenheit, mancher wird den Song als nervtötend und monoton empfinden. Und der Text ist so eine hedonistische „Wir feiern durch bis morgen früh"-Nummer, geschenkt, Schwamm drüber. Bin ich eigentlich glücklich? Diese Frage stelle ich mir häufiger. Und die Antwort lautet: Ich glaube schon.

He had white horses
And ladies by the score
All dressed in satin
And waiting by the door
Ooooh, what a lucky man he was
(Emerson, Lake & Palmer: Lucky Man)

Also Schimmel und einen Harem wie der „Lucky Man" von Emerson, Lake & Palmer habe ich nicht. Aber dafür bin ich am Ende des Songs auch nicht mausetot. Ist doch auch schon ganz schön. Was ist denn eigentlich

Glück? Die Amis haben da ein klares Konzept, in ihrer Verfassung ist das Streben nach Glück ausdrücklich als Menschenrecht verbrieft, es gehört zum amerikanischen Traum. Vom Tellerwäscher zum Millionär, das ist ganz strikter Materialismus. Macht Geld denn wirklich glücklich?

Ich brauche keine Millionen
mir fehlt kein Pfennig zum Glück.
Ich brauche weiter nichts als nur Musik, Musik, Musik.
(Johannes Heesters:
Ich brauche keine Millionen)

Nein, Geld allein macht nicht glücklich, in diesem Fall stimme ich Johannes Heesters ausnahmsweise mal zu. Denn das ist wissenschaftlich bewiesen. Wer die Studie bezahlt hat? Also, wenn ich Verschwörungstheoretiker wäre, würde ich sagen, wahrscheinlich irgend so ein Milliardärsclub, wo alle unter sich bleiben wollen. Doch nicht nur das Geld der Stars, auch ihr Ruhm ist ein zweischneidiges Schwert. Erstrebt von jedem aufstrebenden Sternchen, kann er sich leicht in einen Fluch verwandeln. Kaum war im Jahr 2000 die Karriere des Teeniestars Britney Spears auf ihrem ersten Höhepunkt angelangt, da sang sie mit all der ihr zur Verfügung stehenden Inbrunst den Song „Lucky“:

She's so lucky, she's a star
But she cry, cry, crys in the lonely heart, thinking
If there's nothing missing in my life
Then why do these tears come at night?
(Britney Spears: Lucky)

Tragisch, oder? Da ist sie endlich ein Star und vergießt doch bittere Tränen, einsam des Nachts in ihrem Bettchen. Irgendwie tröstlich für uns, die wir so weit abseits des Bühnenlichts stehen.

Das gute alte deutsche Sprichwort „Glück im Spiel, Pech in der Liebe“ wird aufs Schönste in dem 50ies Hit „Wheel of Fortune“ verwurstet. Denn das Glücksrad, das in der englischen Bedeutung mehr von einem Schicksalsrad hat, hat für die Protagonisten so viel mehr als Reichtum und Ruhm in petto.

The wheel of fortune
Goes spinning around
Will the arrow point my way?
Will this be my day?
Oh, wheel of fortune
Please don't pass me by
Let me know the magic of
A kiss and a sigh
(Kay Starr: Wheel of Fortune)

Es gibt kein Wort, das so häufig in der Popmusik auftaucht wie Liebe. Und genau deshalb handelt mein Lieblingsglückstück nur vordergründig von Glückszahlen: Ein Mädchen kommt mit sich allein prima klar, vielleicht redet sie es sich aber auch nur ein, egal, sie singt jedenfalls, ihre Glückszahl sei die Eins. Alles dufte. Aber dann trifft sie jemanden, mit dem das Leben noch netter ist, und sie erkennt: Eigentlich ist ihre Glückszahl die Zwei. Ja, so kann's gehen, im einzigen Hit von Lene Lovich aus dem Jahr 1978: „Lucky Number". Glück auf!

I never used to cry, cause I was all alone
For me, myself and I is all I've ever known …
That's where I'm coming from
My Lucky Number's one …
You certainly do have a strange effect on me
I never thought that I could feel the way I feel …
I guess it must be true
My Lucky Number's two
Ah! Oh! Ah! Oh!
(Lene Lovich: Lucky Number)

Die Phantasie anzuregen ist eines der schönsten Geschenke, die uns der liebe Gott gegeben hat. Es gibt nichts Schöneres, als zu träumen, und glücklich sind die Menschen, die ein paar dieser Träume verwirklichen können. Mir ist das ein paar Mal gelungen. Deshalb gehöre ich zu den Leuten, die sagen können: Ich habe Glück gehabt.

Frank Elstner

DAS GLÜCK DER EHRLICHKEIT

NIELS KROGOLL
radioeins Hörer

Klar hab' ich am Samstag Zeit, euch beim Umzug zu helfen. Ich habe nur keinen Bock. Ihr habt genug Geld, und wenn ihr zu geizig für Möbelpacker seid, dann schleppt euren Mist alleine.

Ja! Dein Nachtisch ist zu süß, und er war's letztes Mal auch und vorletztes Mal, im Sommer, auch.

Ja, das war mein Fehler. Entweder habe ich nicht nachgedacht, oder ich bin wirklich und wahrhaftig zu dumm dafür. Es tut mir Leid.

Wenn ich mir dafür nicht noch drei Outfits angucken muss, siehste total schick aus in dem Kleid.

Nein, der Vorschlag birgt nicht nur keine Idee, auf der man aufbauen kann, er ist beim ersten Hinsehen schlecht und wird schlechter, je länger ich darüber nachdenke.

Doch! Ich sehe die Jungs, wenn's hoch kommt, alle drei Monate, und na klar wird's spät, und na klar besaufe ich mich.

Kinder und Erwachsene, die bei Seniorengeburtstagen Gedichte verlesen, sind die Pest! Und sie sind es ohne Ausnahme!

Doch, das macht mir was aus.

Wenn ich ganz ehrlich bin, fand ich ihre HipHop-Aufführung bestenfalls mittelmäßig. Außerdem habe ich noch keine Anzeige des deutschen Mittelstandes gesehen, in der stand: „Suchen kreative Jugendliche, die in unseren Hallen rappen und tanzen!"

Sehr ungern!

Natürlich ist es mutig, so durch die U-Bahn zu laufen und ich würde es mich nicht trauen, aber ich gebe keinem Geld, der 15 Jahre jünger ist als ich und nicht aussieht, als könne er partout nicht arbeiten.

Und ob das Absicht war.

Nein, hat es nicht. Und sagen Sie dem Koch nicht, dass

er seinen Beruf verfehlt hat. Sagen Sie ihm, dass es so kolossal mies war, dass ich ihn der Berufstätigkeit generell für unfähig halte.
Übrigens will ich, dass das hier übertragen wird und nicht bei den beschissenen „vielen anderen tollen Einsendungen" landet.

Ach ja, das befreit.

DAS GLÜCK IST MIT DEN DUMMEN

SEBASTIAN LEHMANN
ist Mitglied der Lesebühne „Lesedüne“ und moderiert den Kreuzberg Slam im Lido. 2013 erschien sein Neukölln-Hipster-Science-Fiction-Roman „Genau mein Beutelschema“ im Aufbau Verlag.
(Foto: © Hendrick Schneller)

„Schön, dass auch du heute mal zu unserem Spieleabend gekommen bist“, sagen die Freunde, als ich ihre Wohnung betrete. „Dann können wir gleich anfangen zu spielen!“

„Auch wenn ich nur ein Meter vierundsiebzig groß bin, bedeutet das nicht, dass ich erst neun Jahre alt bin und bei euren Kinderkram mitmache“, sage ich.

„Du bist doch nie und nimmer ein Meter vierundsiebzig“, rufen die Freunde, lachen und tätscheln mir auf dem Kopf rum.

Es gibt wenig, was ich mehr hasse, als Spieleabende. Wenn man sich sowieso nichts zu sagen hat, dann braucht man sich ja erst gar nicht treffen. Den ganzen Abend ein vollkommen hirnrissiges Spiel zu spielen, nur um nicht miteinander reden zu müssen, ist doch wirklich die Höhe des Sozialfaschismus.

„Man kann doch so viele andere Dinge tun, wenn man sich mit Freunden trifft“, rufe ich. „Sich betrinken und auch äh ...“ Ich verliere den Faden.

Die Freunde beginnen unbeeindruckt das riesige und hochkomplizierte Spielbrett aufzubauen, seltsame Figuren zu verteilen und mit Sagengestalten bedruckte Karten zu verteilen.

Ich spiele auch deswegen nicht gerne, weil ich keinen Ehrgeiz habe und mir vollkommen egal ist, ob ich gewinne. Blöderweise geht es aber beim Spielen immer ums Gewinnen. „Wir wollen doch nur gemeinsam eine Stadt bauen“, höre ich schon die Strategiespiele-Fetischisten widersprechen. „Und erst dann mit unseren Streitheeren die Städte unserer Mitspieler verbrennen, niederwalzen, ausrotten, vernichten und auslöschen. Harharhar.“

Schon in meiner Kindheit mochte ich Brettspiele nicht besonders gern. Manchmal überredeten mich meine Freunde aber, nach der Schule mit ihnen „Risiko“ zu spielen. Da musste man Länder mit seinen Armeen erobern. Indem man würfelte! Den ganzen Nachmittag würfeln! Hallo, geht's noch langweiliger? Also war mir völlig egal, ob ich gewinne, war doch eh reines Glücksspiel, und so erntete ich verständnislose Blicke, wenn ich wieder alle meine Einheiten auf einem Land anhäufte.

„Jetzt marschier' endlich in Alaska ein, Lukas hat da nur ein Pferd stehen und du hast schon neunundachtzig Einheiten in Kamtschatka gebunkert. Das ist doch Irrsinn!", rief mein Freund Niklas verzweifelt.

„Nein", sagte ich, „ich mag es hier in der beschaulichen russischen Steppe."

Blöderweise geht es beim Spielen immer ums Gewinnen

Bei „Risiko" geht es am Ende immer um die Weltherrschaft. Die allerdings nie jemand erreichen konnte, da ich ja siebzig Kanonen auf Kamtschatka stehen hatte. Selbst die Amis und Russen zusammen konnten mich da nicht wegbekommen. Vielleicht ging es doch nicht nur um Glück.

Später wurde ich dann nicht mehr zum Risikospielen eingeladen.

Die meisten Risikospieler waren ohnehin die uncoolen Nerds, die sonst nur auf ihrem 4/84er Computer langweilige Adventures spielten. Wir – die Coolen – betranken uns dagegen lieber und rauchten schon in der großen Pause den ersten Joint. Yeah! Inzwischen sind die Risiko-Nerds alle Senior-Creative-Game-Assistant-Manager bei Google, verdienen zehnmal so viel wie ich und kriegen die ganzen hübschen Mädchen ab, weil sie denen den Modeblog pimpen. Irgendwas muss da falsch gelaufen sein.

Beim Spieleabend heute wird allerdings nicht „Risiko", sondern so ein seltsames Fantasy-Ritter-Spiel gespielt, dessen Namen ich mir nicht merken kann, „Die Rache der Wanderhure" oder so.

Der Gastgeber erklärt mir die Spielregeln, aber ich verstehe kein Wort. Eigentlich höre ich gar nicht zu. Es geht wohl darum, Burgen zu bauen, Zauberbäume zu pflanzen und Hexen zu verbrennen. Irgendwie komme ich mir verarscht vor. Ich meine, ich habe neunzehn Semester Philosophie studiert. Ich kann eine druckreife Rede über das Leib-Seele-Problem bei Leibniz halten und jetzt soll ich mit einem lila Zauberwürfel Feen und Orks töten?

Das Spiel beginnt. Alle anderen denken stundenlang über irgendwelche Strategien nach und wägen jeden Zug ab. Ich setze meine Spielfiguren einfach da hin, wo gerade frei ist und trinke in großen Schlucken den Rotwein, den ich selbst als Gastgeschenk mitgebracht habe.

„Gib dir doch wenigstens ein bisschen

Mühe", sagt der Gastgeber herablassend. „Du kannst deinen Zauberlehrling nicht da hin setzen. Mit meiner Hexe verwandle ich den doch sofort in eine einäugige Waldeule."

„Ich setze meinen Harry Potter hin, wo ich will!", rufe ich betrunken und schütte Rotwein über das Spielfeld. „Und dann fickt der deine einäugige Waldhure bis sie ..." Ich verliere den Faden.

Doch dann passiert etwas, was bei solch elaborierten Spieleabenden eigentlich nicht vorkommen sollte: Ich habe Glück. Und gewinne. Die ganze Zeit. Der Gastgeber und die zwei anderen professionellen Wanderhuren-Spieler sind schon ganz verzweifelt und verstehen die Welt nicht mehr.

„Ich habe schon wieder den Maximum-Zauber gewürfelt", rufe ich. Ihr seid alle tot!" Ich fege mit meiner Hand die ganzen Spielfiguren vom Tisch. Dann kotze ich aufs Spielfeld und rufe: „Ein magischer Todesregen geht auf Hogwarts nieder. Lord Vandalismus kriegt sie alle!"

„Das Glück ist halt mit den Dummen", sagt der Gastgeber und wirft mich aus seiner Wohnung.

„Während ihr euch mit eurem blöden Harry-Potter-Spiel beschäftigt habt", rufe ich noch im Treppenhaus, „habe ich das Leid-Seele-Problem bei Leipzig gelöst und zwar ist es so ..." Ich verliere den Faden.

Diabolisches Lachen

„Hey Tochter, Du hast die Strumpfhose verkehrt herum an.“ „Pssst, Papa, das ist doch unser Geheimnis.“ Kinder machen glücklich!

Matthias Nebur, radioeins Hörer

HAPPINESS IS A COLD HEAT

PIEKE BIERMANN
lebt und arbeitet seit 1976 in Berlin als Schriftstellerin und Übersetzerin. Bei den „Literaturagenten" auf radioeins empfiehlt sie regelmäßig Lieblingsbücher. (Foto: © 1977 Pieke Biermann)

Rock 'n' Roll Animal. Animalischer als Bowies grazile Show. Bowie legt den feinen schwarzen Seidenanzug sorgfältig lasziv auf die Bühne, lässt die Zigarette bogartig aus dem Mundwinkel gleiten und haucht *I'm – waitin' for my man*.

Lou Reed zündet sich hastig eine an, rennt nach vorn, lässt sich fallen, zieht hektisch an der Kippe, fusselt Tabakkrümel von der Zunge und singt rüde *In Berlin – by the wall*. Dubonnet On Ice. Schnauzt die Tunten an, die unter ihm tänzeln und die Fäuste ballen.

Zwei Stunden starrst du auf ihn, und hinterher wunderst du dich, dass du nicht seinen Körper hast, dass du *nicht* New York Slang quatschst. Berlin 1977. West.

Musik scheint wieder tierischer zu werden: Patti Smith dampft wie *Horses*. Dylan haut alte Sachen in aggressivem Ton und Rock-'n'-Roll-Beat von sich. Lou Reed keift *How do you think it feels – when you're* ***speeding*** *and lonely?* Immer artet eines seiner alten Stücke aus in dröhnende schreiende Angriffe. Und immer findet es sich wieder, und aus dem unerträglichen orgiastischen Schrei wird von neuem ein kleiner rissiger Spalt, durch den der dekadente samtene Untergrund flüstert.

Als die Tunten sich darauf versteifen, *dup-du-dup-du-dup-dupdudup-dup-dudup-du-dup* nachzuschunkeln wie Vater Rhein im schönen Westerwald, sagt Lou Reed ein Wort: NICO.

Mann braucht lange, bevor mann versteht.

Und Nico hat diese Stimme, die Angst macht, weil sie immer gleich abstürzt, aber wenn sie lauter wird, packt dich die Angst vor ihrer Gewalttätigkeit, und *she's a femme fatale*. Es geht eben nicht, gleichzeitig Text zu soufflieren und *background vocals* zu machen, mann ist nicht gleichzeitig mütterlich und dekadent. Lou Reed hat sich für die Mütterlichkeit entschieden, souffliert. Nico scheint das nicht zu stören. Macht ihn halt liebenswert. Für den Standpunkt der Frau. *So what*. Was hat Nico mit einem Standpunkt zu tun. Sie steht nicht. Sie taumelt. Sie schlafwandelt. Weggetreten. Daneben.

Wenn sie hoch singt, dringt dir die Stimme in den Bauch. Penetrant. Rührt nicht darin rum. Bewegt sich überhaupt nicht. Hat nur zugestochen und ruht wie die spiegelglatte Klinge eines Schwertes. Dehnt sich aus. Träge.

Ein glänzender Teich im schwarzen Mondlicht.

Was an Nico bewegt sich – außer dem, was du erlebst, wenn du sie hörst?

Auf der ruhenden Klinge in meinem Körper blitzt einen Moment lang die M. aus meiner Erinnerung auf, und für eine kurze Ewigkeit fließen wir zusammen. Ganz ruhig. Bis zu der scheuen Berührung, mit der wir uns anstoßen. Ihre Gegenwart reißt eine Kluft auf. Ich bringe auch mich nicht zur Deckung.

Zerschnittenheit. Aufschein im Spiegel von Nicos Gesang. *I'll be your mirror*. Zerbricht zum trockenen Spalt. Keine Feuchtigkeit wird mehr fließen. Das hier geht tiefer. Eine Art Todesstarre, erfrorener Atem, Körpersäfte sind längst verflogen im Angesicht dieser bleiblauen Schwere. Die Exaltation der Ekstase. Der betrunkene Rausch. Der ermordete Tod. Glücksmoment. Ganz leicht.

Wenn sie hoch singt, dringt dir die Stimme in den Bauch. Hat nur zugestochen und ruht wie die spiegelglatte Klinge eines Schwertes.

FEEDBACK

PETER RADSZUHN

Musikchef von radioeins, moderiert jeden Mittwoch um 21 Uhr die Sendung „Prime Cuts"
(Foto: © rbb / Jenny Sieboldt)

Februar 1965 im Schullandheim Wannsee. Ich war zehn Jahre alt, und die 5a befand sich für ein paar Tage auf Klassenfahrt. Tagsüber Wandern im verschneiten Grunewald, ein wenig „Heimatkunde", abends Freizeit – und auch mal Disco, obwohl das damals noch nicht so hieß. Natürlich hatte Musik, vornehmlich aus dem Radio, schon für das eine oder andere gute Gefühl gesorgt. Die Beach Boys, die Animals, Roy Orbison, Drafi Deutscher, die Kinks – aber das Maß aller Dinge waren die Beatles. Und deren neuester Hit war „I Feel Fine".
Schon in Zimmerlautstärke war das toll, mehr als das. Aber jetzt, in der aufregenden Party-Situation und deutlich lauter als zu Hause (da stand eine Saba-Musiktruhe mit Dual-Plattenspieler im elterlichen Wohnzimmer), taten sich Welten auf: Eine Saite wird angeschlagen, dann ein schnarrender Brummton, damals fast verstörend und doch verlockend (den Begriff Rückkopplung oder gar Feedback kannten wir natürlich noch nicht), und dann dieses Gitarrenriff, die Band steigt ein, und John Lennon singt:

„Baby's good to me, you know,
she's happy as can be, you know,
she said so – I'm in love with her and I feel fine"

Ich bekomme eine Gänsehaut. Drei-, vier-, fünfmal hintereinander wird die Single aufgelegt, wir tanzen und lachen, und ich habe eine Ahnung von dem, was in gar nicht so ferner Zukunft auf mich wartet. Das erste Verliebtsein, der erste Kuss – und jede Menge Musik, die mich glücklich machen wird. Immer wieder, immer noch und immer wieder neu.

Glück ist, wenn bei einem Sturz aus einem intakten Flugzeug in 4000 Metern Höhe der Fallschirm im richtigen Moment tatsächlich aufgeht.

Simone Katter, radioeins Hörerin

LILY

STEEN LORENZEN
moderiert auf radioeins
Montag bis Donnerstag
von 13 bis 16 Uhr
(Foto: © Jim Rakete)

Sie war weg. Verloren gegangen. Hatte sich, geplagt vom allmorgendlichen Stress und den Streitereien, klammheimlich abgesetzt. Der letzte Gedanke hätte ihn fast zum Schmunzeln gebracht, wäre ihm nicht im gleichen Moment der Ernst der Lage und damit das ganze Ausmaß des sich abzeichnenden Unglücks bewusst geworden: Sie war nicht aufzufinden. Er hatte die Tasche komplett entleert, alle Zeitungen und Papiere hektisch rausgerissen, aber auch unter den CDs, dem Kopfhörer und dem CD-Spieler war sie nicht aufgetaucht. Mit ihren Rasta-Zöpfen und dem immer gleichen Lächeln. Wie auch? Schließlich wusste er genau, dass er sie obenauf gelegt hatte. Das Letzte, was noch schnell eingepackt werden musste: Lily. Vermutlich hatte er sich sogar noch gegen ihren Ausflug gewehrt: Ich bin nicht Euer Packesel! Die anderen Kinder wollen dann auch damit spielen! Doch es gab morgens immer einen Kampf, den man verloren geben musste, wenn man zwei andere gewinnen wollte: Zum Beispiel den Kampf um die wettergerechte Kleidung, den er immerhin heute für sich und gegen seine Kinder entschieden hatte.

Er hatte es gemerkt, als es längst zu spät war. Die Tasche hatte nicht die Fülle, die sie haben musste, wenn Lily obenauf lag. Zwischen Kinderladen und Kindergarten musste sie rausgefallen sein. Ein unverhältnismäßig langer Weg, den er morgens zwischen zwei Bezirken zurücklegen musste, um seine beiden Kinder unterzubringen. Gewiss war es sinnlos, sich jetzt darüber zu ärgern, dass sie (aus wiederum guten Gründen) nicht in ein und derselben Einrichtung waren. Aber bitter war es schon, die kilometerlange Strecke vor Augen zu haben, auf der Lily jetzt irgendwo einsam in der Kälte zwischen den Elefanten in Schöneberg und den Maulwürfen in Tiergarten lag. Wenn sie nicht schon längst ein anderes

Kind glücklich gemacht hatte - ein neuer Gedanke, der zum ersten Mal an diesem Morgen seine Augen feucht werden ließ. Was hatte sie überhaupt an? Ihre pinkfarbene Strickjacke, klar. Aber Hosen? Trug sie nur selten. Meist baumelten ihre nackten Stoffbeine einfach unter der Jacke und endeten in einem Paar Stoff-Turnschuhen, deren Nähte bereits Schwachstellen zeigten. Schniefend stopfte er seinen Krempel zurück in die Tasche. Wie dämlich, Lily da noch drauf zu legen. Auch ohne sie ließ sich die Tasche mit dem Klettverschluss kaum noch schließen. Schon beim Spurt von den Elefanten zum Bus war sie vermutlich herausgeschleudert worden und auf ihre Stupsnase gefallen. Der Bus! Den hatte er noch gar nicht in Betracht gezogen. Würde er nun regelmäßig – zwischen kleinster Hoffnung und maßloser Enttäuschung hin- und hergerissen – zum Fundbüro der BVG pilgern? Falls sie im M85er liegen geblieben war, musste sie jetzt am Hauptbahnhof angekommen sein. Vielleicht war sie von Reisenden entdeckt worden, die sie nun als Souvenir in ein westdeutsches Provinznest entführen würden. Am besten gleich nach Flensburg, zu seinen Eltern. Die hatten schließlich Lily auf den Weg gebracht. Back to your roots, Lily!

Im Bus beschloss er einen Pakt mit dem Teufel

In der Kurfürstenstraße empfing ihn ein Flensburger Regen, vor dem auch die ersten Nobelnutten und Strichmädchen des Tages Schutz suchten. Hatten sie sich Lilys angenommen? Er wollte nicht ausschließen, dass seine Suche mit einer Umfrage im Rotlichtviertel enden würde. Vorläufig war ihm nicht danach. Wie sinnlos konnte doch so eine Suche sein. Das hatte ihn schon der Verlust von Jimmy gelehrt. Damals so heiß geliebt von seiner Großen wie Lily jetzt von seiner Kleinen. Jimmy war ein Hase, Jimmy war fest gedrückt worden von seiner damals noch kleinen Großen, dann war sie im Kinderwagen eingeschlafen und Jimmy aus ihrer Hand gefallen wie ein Sack Zement aus der sich öffnenden Schaufel eines Krans. Nur lautlos und deshalb unbemerkt. Tagelang war die Suche nach Jimmy in der Potsdamer Straße erfolglos geblieben. Kleine Fahndungsposter hatten nicht geholfen, und in den Geschäften, die als Fundstelle in Frage kamen, hatte man mit den Achseln gezuckt. In jenen Tagen war ihm klar geworden, dass der Verlust der Jimmys und Lilys dieser Welt nicht nur deshalb so unerträglich war, weil man den Schmerz seines Kindes ertragen musste. Sondern auch, weil zusätzlich eine absurde Bindung entstand zu diesen eigentlich leblosen Mitbewohnern, die durch ihren beharrlichen Einsatz als Trostspender und Nachtbegleiter ein Eigenleben bekamen. Jimmy war ein unwiederbringlicher Verlust gewesen. Zumal es ihn nicht noch ein Mal gab. Nirgends. Eine Hund-Variante der gleichen Firma schaffte am Ende Abhilfe. Er ging als „Jimmy 2" in die Geschichte ein. Aber den in der Tiefe schlummernden Schmerz, der jetzt wieder hochkam, den hatte er nicht therapieren können.

An der Bushaltestelle überlegte er fieberhaft, ob er in den sich nähernden M48er einsteigen sollte. Immerhin konnte Lily im danach folgenden M85er bereits auf ihrem Nachhauseweg oben an der Fensterscheibe kleben und ihm zuwinken. Andernfalls verlor er wiederum kostbare Zeit, in der Lily etwa in der Eisenacher Straße einen neuen Besitzer fand – beziehungsweise von ihm oder ihr gefunden wurde. Er stieg ein. Im Bus beschloss er einen Pakt mit dem Teufel. Er würde einen großen Glücksmoment opfern für das Wiedersehen mit Lily: Das 2:0 von Kim Vilfort im EM-Endspiel 1992, ausgerechnet gegen die deutsche Nationalmannschaft. Ja, der Teufel sollte den hässlichen Pott ruhig holen und dafür Lily rausrücken. Eine kostbarere Trophäe gab es an diesem unheilvollen Morgen nicht.

Der Bus hielt. Pipi in den Augen konnte er jetzt nicht gebrauchen. Hinter dicken Gläsern musste der Blick geschärft werden. Der beste Sachensucher war er noch nie gewesen. Es galt die letzte Straße vor den Elefanten in Augenschein zu nehmen, jede Pfütze, den langen Rinnstein, die Mülleimer, was auch immer in Frage kam.

Sie saß auf einem Treppenabsatz und wartete geduldig. Jemand hatte sie dort liebevoll hingesetzt. Jemand, der wusste oder ahnte, welche Lücke sie hinterlassen hätte. Er drückte sie fest an sich, bekam erneut feuchte Augen und schwor leise und auf dänisch, sie nie, nie, nie wieder aus den Augen zu verlieren. *Aldrig!* Er fuhr nicht direkt zur Arbeit, sondern brachte Lily zuvor nach Hause. In der S-Bahn nach Potsdam formulierte er im Kopf seinen Brief an die Uefa: „ ... beantrage ich hiermit den Verzicht des dänischen Fussballverbandes Dansk Boldspil Union auf den Europameistertitel 1992. Begründung: Ich habe Lily wiedergefunden." Er schmunzelte. Groß war die Wahrscheinlichkeit nicht, dass über seinen Antrag positiv beschieden würde.

Wirklich glücklich ist nur, wer vergessen kann, was nicht wieder kommt.

Kay-Uwe Meyer, radioeins Hörer

FAMILIE GLÜCK

BETTINA RUST

moderiert auf radioeins
sonntags von 14 bis 16 Uhr
die „Hörbar Rust"
(Foto: © Jim Rakete)

„Man will nicht nur glücklich sein, sondern glücklicher als die anderen. Und das ist deshalb so schwer, weil wir die anderen für glücklicher halten, als sie sind."
Charles-Louis de Montesquieu

Glück ist die schöne Schwester, der alles zufliegt und die jeder einlädt. Sie hat hervorragende Pointen, löst die besten Gefühle aus und lacht am lautesten. Glück, die hübsche Angeberin, hat ja sogar ihre eigenen Symbole: Schwein, Schornsteinfeger, Winke-Katze, Kleeblatt. Leider ist Glück ein Luder.

Wir würden alles dafür geben, mit diesem Gefühl eine feste Beziehung zu führen. Aber es entpuppt sich als höchst launische Geliebte, die sich längst nicht immer meldet, wenn sie in der Stadt ist. Mal versetzt sie uns, obwohl wir sie am Bahnhof abholen sollten, dann steht sie wieder unangemeldet vor der Tür, fällt uns um den Hals und stellt frische Blumen auf den Tisch.

Der Zwillingsbruder von Glück ist Zufall – auch nicht ohne. Die DNA der beiden ist wirklich nahezu identisch, nur dass der Zufall das Pech hat, eben jenes auch transportieren zu können: Ist es Pech oder Zufall, dass du den verdorbenen Heringssalat gegessen hast und nicht ich? Ist es Glück oder Zufall, denjenigen anzusprechen, der als Einziger ein Abschleppseil dabei hat?

Wer die Familie länger kennt, verliebt sich eh in die vermeintlich unscheinbare Dritte im Bunde, die Zufriedenheit. Sie ist der eigentliche Knaller, obwohl ihre Haare nicht so glänzen wie die ihrer Schwester. Zu Recht drehen sich ganze Religionen um Zufriedenheit, und völlig zu Unrecht schleppt sie auf ihren schönen Schultern immer diesen Hautgout einer Drei plus mit sich herum. „Nee, lass mal, ich bin ganz zufrieden." Armes Ding. Dabei ist Zufriedenheit der Flow, Glück ist Zickzack. Trügerisch.

Aber eben auch sexy. Wir haben unser Leben lang Lust auf diese kleine oder große, erwartbare oder vollkommen überraschende Flutung durch Endorphin, Dopamin und Serotonin, ein Glückscocktail, und auch, wenn das nur die chemische Erklärung ist – was heißt hier eigentlich „nur"? Unser ganzes Gehirn ist eine einzige Chemiefabrik.

Erfreulicherweise gibt es ein bisschen Pillen-Glück in Form von Anti-Depressiva. Ich hörte zwar von Schweißausbrüchen, Impotenz und Antriebslosigkeit, aber auch davon, dass Menschen doch nicht von Brücken oder aus Fenstern sprangen, weil diese Mittel ihnen halfen. Was wäre denn, wenn es eine nicht durch Depressionen indizierte Glückspille gäbe? Wie würden wir damit umgehen? Nähmen wir sie gleich morgens schon, prophylaktisch, oder erst, wenn wir eine gewisse Melancholie verspürten?

Wie sähe es eigentlich aus, wenn wir uns die sogenannten Glückshormone verabreichen könnten wie Kopfschmerztabletten oder Käsescheiben? Würden wir Maß halten können? Ab wann wäre es denn übertrieben? Wann wäre man zu glücklich?

Und wenn alle Welt die Gehirne auf Glück pimpen könnte, gäbe es noch Scheidungsanwälte, häusliche Gewalt, Tierquäler, Liebeskummer? Hätten wir mehr oder weniger Appetit auf *sad lovesongs*? Die könnte man ja auch eigentlich nur noch nüchtern verstehen, „gebrochene Herzen? Lächerlich!", die Welt würde sich teilen wie einst das Meer. Es gäbe Schlucker und Nicht-Schlucker, und niemand würde den Nicht-Schluckern ihr Glück glauben, das einfach so entstand, weil der Tag perfekt begann mit warmen Brötchen, einem guten Kuss, starkem Kaffee und leichten Gedanken.

STADT-ENTFÜHRUNG

STEFANIE ERDRICH
radioeins Hörerin

Nun komm schon, Don Juan, sonst schaffen wir nicht alles! Henry lachte, aber er konnte sich nur schwer von den ebenmäßigen Gesichtszügen der Nofretete lösen. Er war ein bisschen müde vom vielen Gehen durch die schier endlosen Gänge, Räume und Hallen. Im Grunde interessierte ihn nur die Büste der Ägypterin, alles andere betrachtete er oberflächlich. Was ihn weiterzog, war ihre Begeisterung für die Ausstellungsstücke. Sie war entzückt, wie ein Kind im Spielzeugladen. Nur dass sie nichts anfassen durfte. Aber sie hätte es gerne getan, das wusste er. Henry war auf ihrer Stadtwanderung überrascht gewesen, was sie alles berührte – egal, ob es Häusermauern oder Büsche im Park oder Schilder waren, über die ihre Fingerkuppen strichen. Vielleicht hatte sie keine ängstliche Mutter gehabt, die sie ständig zurückhielt aus Sorge vor Schmutz und Ansteckung. Erst als die Museumswärter sie mehrfach aufforderten, verließen sie das Neue Museum.
Der Herbstabend war mild, und sie legten sich auf Holzbänke am Wasser, gegenüber der Museumsinsel. Sie betrachteten den Himmel und erklärten sich abwechselnd die wenigen Sternenbilder, die sie kannten. Sarah streckte ihre Arme in die Luft und bewegte sie sanft, als ob sie eine fließende, unhörbare Melodie dirigierte.
Der Himmel ist wie ein riesiges Meer, manchmal stelle ich mir vor, dass Schiffe darüber hinweg fahren, sagte sie. Und die Sterne sind Reflektionen der Sonne auf der Wasseroberfläche. Ich wäre gerne die Kapitänin auf so einem Sternen-Meer-Schiff, und es würde Dora Maar heißen. Dann fing sie an ein Lied zu summen, auf der Bank unter dem Sternenhimmel, ein Lied, das Henry erkannte, weil es ununterbrochen im Radio gespielt wurde, es war von Adele, „Rolling in the Deep“. Der Titel kam ihm ziemlich passend vor in diesem Augenblick, in dem ihre Augen in der Tiefe des Himmels versanken, in der ihre

Fingerspitzen seine Hände berührten und ihm Blitze durch den Körper jagten. Ihre Stimme klang fremdartig tief, wenn sie sang, obwohl sie zwitschern konnte wie ein Vögelchen, wenn sie ihre Geschichten erzählte, die so phantasievoll und absurd waren und gleichzeitig ernsthaft und kraftvoll, was man dieser kleinen zierlichen Person gar nicht zutraute, wenn man sie zum ersten Mal sah.

Henry wunderte sich über dieses Wesen, das ihn in diesen zauberhaften Tag entführt hatte, und vor allem darüber, wie sein Körper auf sie, auf ihre Worte, auf ihre Berührungen reagierte.

Kennst du Milan, den Greifvogel, fragte sie, ohne seine Antwort abzuwarten. Er kann dich aus den Fängen der Ägypterin befreien.

Henry lachte. Du bist ja eifersüchtig auf die schöne Nofretete!

Ja, das stimmt! Sie küsste ihn auf der Bank in der Nacht, und er wusste, dass es ihre Lippen waren, die er küssen wollte, und nicht die einer Ägypterin, und sei es die Königin. Wie lange würden sie in seine Wohnung brauchen, überlegte er, und war das nicht unendlich viel zu weit von dieser Stelle auf der Wiese gegenüber der Museumsinsel; am liebsten würde er sie hier lieben, auf der Stelle, mitten im Touristenparadies.

Dann sprang sie auf. Wir gehen jetzt in einen Club. Henry war verwirrt über diesen Blitzeinfall, gerade noch war er auf einer ganz anderen Woge geschwommen.

Aber ich kann gar nicht tanzen, versuchte er einen winzigen Einwand.

Das ist doch wunderbar, sagte sie, das ist überhaupt die einzige Voraussetzung, die es braucht, um in genau diesen Club hineingelassen zu werden. Tanzen können wird mit sofortigem Rausschmiss quittiert. Dann hätten wir die lange Reise nach Charlottenburg umsonst gemacht und was bliebe uns dann? Wir müssten nach Kreuzberg fahren.

Und warum Kreuzberg?, fragte Henry.

Weil dort Pergamon lebt, sagte sie, der Mann der Nofretete. Und der wird höchst ungehalten, wenn seine Gattin nach Mitternacht erscheint. Komm, Captain Morgan, sagte sie, und nahm seine Hand. Und eines wusste er. Er würde mit ihr gehen.

ZWIEGESPRÄCHE MIT GOTT: BAUERNSCHLAU

AHNE

Autor, liest seit 1995 bei der Berliner Lesebühne „Reformbühne Heim & Welt", zuletzt erschien sein Buch „Wieder kein Roman", Voland&Quist. Auf radioeins unterhält er sich jeden Mittwoch um 18:20 Uhr mit Gott. (Foto: © Tim Jockel)

A: Na Gott.
G: Na.
A: Na, gloobste einklich ooch, Gott, dit nur die Menschen glücklich sind, die, sagen wa ma, einen nich allzu hohen IQ ham?
G: Haste wat ausjefressen?
A: Ick rede ma ausnahmsweise nich von mir, Gott. Ick rede von unsire Aht. Von die Menschheit in Alljemeinen. Weil, würd doch imma behauptit, dit die, die wenija ham, viel glücklicha sind, als die, die allit ham.
G: Niemand hat allit!
A: Du weeßt, wattick meine.
G: Ehrlich jesacht, nich so richtich. Zun Anfang haste noch wat von Intilligenz jefasilt, kurze Zeit späta denn plötzlich von Besitztüman.
A: Is doch meistens jekoppilt, Gott. Zumindist bei uns. Ick weeß, in Afrika oda hier in Bangladesch oda wo se nich zur Schule jehn könn, weil se bei ihre Eltan uffin Feld die Brotfrüchte ausgraben müssen, da is dit andas, dit weeßick, selbstvaständlich, und dit tut ma ooch leid, aba hier bei uns kann ja nu würklich jeda die Schule besuchen, und wenna brav lernt und studiert und seinen Doktor macht, denn kanna sich ebend ooch 'n Häuschen im Grünen und 'ne Putzfrau und ab und zu 'ne neue Hose leisten und jehört damit zu die, die mehr ham, weil se oben ehmd ooch mehr ham, trotzdem sind se wohl nich so glücklich, wie die, die schon inne vierten Klasse bei Bruchrechnung passen mussten.

G: Wat hattist du einklich in Mathe?
A: Inne Vierten?
G: Hmm.
A: Weeßick nich mehr, Gott.
G: Und inne Zehnten?
A: 'ne ... 4?
G: Und, biste glücklich?
A: Sehr soja, Gott. Ick fühl ma ausjezeichnit. Ick könnte die janze Welt umahmen. Ick weeß nich wieso. Is einfach so. Ick hab allit wattick brauch, 'n Ohrwurm, zwee jesunde Zähne und ürgendwat vabindit meenen Mund mit meenen Popoloch.
G: 'n Stock wahscheinlich.
A: Hurra!!! Es lebe der Stock!!!
G: Ick gloob, dit hat wat mit die Ansprüche zu tun, die ihr an eua Leben stellt.
A: Gloobste?
G: Ja. Wenn de wenich hast, biste ooch mit wenija zufrieden. Wenn de keen Ei-Fon kennst, würste ooch nich uff die Idee komm, dit dir so 'n Ei-Fon fehlen könnte. Wenn um dir herum sich alle den lieben, langen Tach nur prügiln, denn freuste dir doch wie Bolle, wenn dein Partna lediglich vor sich hinstarrt, mürrisch, während er seine Rosenkohlsuppe in sich hineinschaufilt, schweigend. Ein Eremit inne Wüste kricht bereits 'n Orgasmus, wenns niesilt.
A: Würklich?
G: Wennicks doch sage.
A: Denn is der Weg zun Glück ein Weg zurück, Gott?
G: Akannt!
A: Je schlechta ick meene Kinda behandil, desto glücklicha wernse?
G: Nur wenn alle andan ihre Kinda mindistens jenauso schlecht behandiln.
A: Dit is ja grauenhaft, Gott!
G: Aba macht glücklich.
A: Tschüss Gott.
G: Tschüss du. Übrigens, du?
A: Ja, Gott?
G: Wenn's im Herbst jibt viel Jejamma, füllt's dem Bauan Scheun und Kamma.
A: Alte Bauanweisheit, Gott?
G: Alte Bauanweisheit, vollkommen korrekt. Alte Berlina Bauanweisheit.

ZWEI MÄNNER

MARION BRASCH
moderiert auf radioeins den Vormittag von 10 bis 13 Uhr und schrieb den Roman „Ab jetzt ist Ruhe: Roman meiner fabelhaften Familie“, S. Fischer Verlag
(Foto: © Jim Rakete)

Ein dünner Mann saß auf einer Parkbank, aß eine Stulle und sah den Leuten beim Spazierengehen zu. Ein zweiter, sehr dicker Mann ging vorbei, und als er den dünnen Mann auf der Bank sitzen sah, blieb er stehen. Der Mann hat es gut, dachte er. Er sitzt da auf der Bank, isst eine Stulle und schaut den Leuten beim Spazierengehen zu. Vielleicht sollte ich das auch mal probieren.

Er ging auf den dünnen Mann zu und fragte ihn, ob es ihm etwas ausmache, wenn er sich neben ihn setze. Der dünne Mann hatte nichts dagegen und machte ein wenig Platz, weil der dicke Mann wirklich sehr dick war. Nun hatte aber der dicke Mann keine Stulle, was ihn auf die Dauer sehr unzufrieden machte. Wie soll ich Spaß daran haben, den Leuten beim Spazierengehen zuzuschauen, wenn ich keine Stulle dabei essen kann wie der Mann neben mir, dachte er und seufzte sehr tief. Der dünne Mann hielt mit dem Kauen seiner Stulle inne und betrachtete seinen Nachbarn, der sehr griesgrämig aussah. Vielleicht ist er traurig, dachte der dünne Mann. Vielleicht hat seine Frau ihn verlassen oder jemand ist gestorben. Aber so ist das Leben. Er schob den letzten Bissen seiner Stulle in den Mund und schenkte seine Aufmerksamkeit einer Frau in hohen Schuhen, die einen hässlichen kleinen Hund hinter sich her zog. „Wie kann eine so schöne Frau einen so hässlichen kleinen Hund haben“, sagte er. Normalerweise hätte er diesen Gedanken nicht ausgesprochen, doch er meinte, den dicken Mann ein wenig aufheitern zu müssen. Doch der schaute nach wie vor sehr verdrossen in die Landschaft. Dann eben nicht, dachte der dünne Mann. Dann kaufe ich mir jetzt eine schöne Krawatte. Er stand auf und ging federnden Schrittes den Parkweg hinunter. „Der hat’s gut“, murmelte der dicke Mann und schaute dem dünnen Mann nach, bis er ihn nicht mehr sehen konnte.

Und so konnte er auch nicht mehr sehen, wie der dünne Mann die Straße überquerte, den Krawattenladen betrat, und sich eine schöne Krawatte aussuchte. Wie er dann nach Hause ging, den Briefkasten öffnete, einen Brief herausnahm und ihn in seine Wohnung trug. Wie er den Brief las, regungslos an seinem Küchentisch verharrte und einen Entschluss fasste. Und wie er schließlich die schöne Krawatte an einem Haken in der Decke befestigte, um sich daran zu erhängen.
Von alldem wusste der dicke Mann nichts. Zum Glück.

Nun hatte aber der dicke Mann keine Stulle, was ihn auf die Dauer sehr unzufrieden machte.

Glück ist ein Geräusch, das entsteht, wenn man in der Badewanne püpst.

Peter L., radioeins Hörer

ROADPIZZA

Wenn ich an Glück denke, denke ich zunächst an Lydia. Lydia war eine große Anhängerin positiven Denkens, jenseits jeglicher Aggression, während ich die selbstverordnete Verpflichtung, positiv zu denken, für ziemlichen Stress hielt, der mich, schon wenn ich an ihn dachte, aggressiv machte. Außerdem besuchte sie allwöchentlich einen Zirkel, in dem die Teilnehmer zur gegenseitigen Beglückung Tiere nachahmten. Ich hatte den Eindruck, Lydia bewegte sich im Laufe unserer Beziehung mehr und mehr wie ein Huhn. Doch unsere Beziehung war nicht lang genug, um das mit Sicherheit sagen zu können. Sie währte nicht mal ein Jahr.

Einige Jahre später war ich für drei Monate in Südafrika. Ich fuhr mit dem Mietwagen von Kapstadt nach Johannesburg. Es war die vierte oder fünfte Tour zwischen diesen beiden Städten, und zum ersten Mal sah ich das, was die Südafrikaner Roadpizza nennen: einen platt gefahrenen Hund, der von anderen Tieren aufgefressen wird. Das hätte mich nicht geschockt, wenn die Tiere nicht Hühner gewesen wären. Waren Hühner denn überhaupt Fleischfresser? Und wenn ja, wie konnte es sein, dass sie derart aggressiv an dem Hundefleisch herumzerrten und darauf einpickten, dass es mir durchaus Angst bereitete?

Bis heute bin ich dieses abendliche Bild nicht los, und irgendwie bin ich glücklich, dass ich Lydia nie mehr begegnet bin. Stattdessen ist mir vor kurzem ein Hund zugelaufen, ein räudiger Dackel mit langen grauen Haaren an der Schnauze. Überflüssig zu sagen, dass ich ihn hüte wie ein kleines Kind, das jeden Moment weglaufen und unters Auto geraten könnte.

TORSTEN SCHULZ
Autor von Spielfilmen (u.a. „Raus aus der Haut" und „Boxhagener Platz") und Prosa (zuletzt der Roman „Nilowsky", Tropen bei Klett-Cotta). Professor für Dramaturgie an der Filmhochschule Babelsberg.
(Foto: © Nadja Wehling)

DANKE CHARLIE!

KNUT ELSTERMANN
moderiert auf radioeins samstags von 12 bis 14 Uhr die Kinosendung „12 Uhr mittags“ und veröffentlichte unter anderem die Bücher „Gerdas Schweigen“ und „Meine Winsstraße“, beide im be.bra Verlag
(Foto: © Jim Rakete)

Gehen Sie bitte einmal in Gedanken die wahren Glücksmomente im Kino durch, die wirklich seligmachenden Bilder, die den Augenblick zum Leuchten bringen, Bilder, die man noch tagelang mit sich trägt. Es sind sicher nicht so furchtbar viele, auch für einen Filmjournalisten nicht, der von Berufs wegen Hunderte Filme im Jahr sieht, wovon naturgemäß nur ein kleiner Prozentsatz im Gedächtnis bleibt.

Ich bekenne, kein anderer hat es vermocht, mich im Kino so zu verzaubern, zu berühren, zu unterhalten, zu beglücken wie Charlie Chaplin. Er war mein Einstieg in die Filmgeschichte, ich kehre immer wieder zu ihm zurück. Waren es früher die überwältigenden ersten Eindrücke seiner wunderbaren Kunst, dann ist es heute das Glück der Wiederbegegnung, die Erkenntnis, wie großartig seine Filme gemacht sind, wie vollkommen sie in Rhythmus und Dramaturgie sind, wie perfekt er das Filmhandwerk, aber auch den eigenen, tänzerischen, artistischen Körper beherrschte.

Leider hat das Wort Glück im Deutschen einen schillernden Doppelcharakter: Es bezeichnet den unglaublichen Zufall, etwa einen Lottogewinn, ebenso wie den gesegneten Verlauf eines erfüllten Lebens. Beides bedingt sich nicht, wird aber oft zusammen gedacht, wohl weil wir nur dieses eine Wort dafür haben. Das Glück erscheint immer als das große Los, das uns in den Schoß fällt. Wird der Begriff des Glücks deshalb so andauernd überschätzt? Sollte man nicht lieber ganz einfach von einem guten Leben statt von einem glücklichen sprechen?

Im Werk Chaplins kann man sehen, wie ein solches gutes Leben aussehen könnte: Ist der kleine Tramp in den frühen Filmen noch bisweilen boshaft, egoistisch und in seiner Not geradezu asozial, wird er in den reifen großen Geschichten wie „The Kid“ zum Menschenfreund, zum Helfer. Oft im Verborgenen agierend, bleibt er lange unerkannt. In „City Lights" (1931) entdeckt das einstmals blinde Mädchen, dem er die Augenoperation ermöglichte, durch eine Berührung seines Ärmels in ihm ihren Wohltäter. Für mich ist diese Szene, mit dem fragenden Gesicht der jungen Frau, mit Chaplins Nicken, mit seiner verhaltenden Freude und ihrer Rührung, eine der schönsten der Filmgeschichte. So sieht Glück im Kino aus.

Wie Chaplin sich oft am Ende seiner Filme, nach vielen Katastrophen, Verlusten, nach dem Scheitern, wieder erhebt, sich schüttelt, manchmal kurz hüpft, um dann in den viel zu großen Schuhen seinen Weg weiterzugehen, das empfinde ich als stoische Philosophie, als ein tapferes „Trotz alledem", ohne das man durch die Untiefen dieses Lebens nicht kommen kann.

Komik hat immer etwas Antiautoritäres, Undogmatisches

Chaplin bedeutet für mich auch Glück, weil er diesem vergangenen blutigen Jahrhundert mit seinen schrecklichen Tragödien, mit seinem Massensterben in nie gekanntem Ausmaß, mit seinen Verblendungen, seiner Gnadenlosigkeit auch ein menschliches Gesicht gab. Camus schreibt in seinem Roman „Die Pest": „Und um einfach zu sagen, was man in Plagen lernet: Nämlich dass es an den Menschen mehr zu bewundern, als zu verachten gibt." Dafür steht Chaplin für mich.

Das 20. Jahrhundert ist eben nicht nur die Fratze Hitlers, sondern auch das Lächeln Charlies. Mit der Ähnlichkeit der winzigen Bärte hat Chaplin in „Der große Diktator" (1940) genial gespielt, sie erst macht die tragische Verwechslungskomödie von Täter und Opfer möglich. Am Ende des Films tritt der Künstler aus der Figur des kleinen Friseurs heraus, er wendet sich direkt an das Publikum mit einer Rede, aus der seine tiefe Sorge um das Schicksal der Welt spricht, ein Appell für Menschlichkeit und Frieden. Man hat diese Rede immer wieder als unfilmisch kritisiert, als pathetisch. Für mich ist dieser Text so wichtig wie die Bergpredigt, und er zeigt, dass außergewöhnliche Zeiten eben ungewöhnliche Mittel erfordern, auch im Kino.

Wenn mich Chaplins Filme glücklich machen, dann liegt das aber nicht zuletzt auch daran, dass sie noch immer umwerfend komisch sind. „Goldrausch" (1925) enthält mit dem Brötchentanz, dem Verspeisen eines Schuhs, dem abrutschenden Haus und dem Gefährten, der sich durch Charlies Hungerfantasie in ein riesiges Huhn verwandelt, einige der lustigsten Szenen, die je gedreht wurden. Alles ist im Grunde bei ihm schon da, ein unendlicher Fundus, aus dem sich jeder Komödiant auch heute bedienen kann: perfektes Timing, das komische Ringen um Würde im peinlichsten Augenblick, der Witz der Verzweiflung, das augenzwinkernde Einverständnis mit dem Publikum. Wer wollte bestreiten, dass Lachen, noch dazu mit völlig Fremden in einem dunklen Kinosaal, verbindet, befreit und glücklich macht? Durch Chaplin habe ich verstanden, dass Komik immer etwas Antiautoritäres, Undogmatisches hat, dass sie sich über die Sachzwänge des Alltags, über die Diktatur der Notwendigkeiten erhebt. Sie ist die Waffe des kleinen Mannes.

Chaplin hat mir indirekt noch einen anderen glücklichen Moment beschert: Vor einiger Zeit durfte ich Geraldine Chaplin interviewen, die ich sehr mag, nicht nur, weil sie die Tochter von Charlie ist, was man übrigens auch sehen kann, sondern weil sie eine wunderbare Schauspielerin ist, die mich schon in den 70ern in den Filmen ihres damaligen Mannes, Carlos Saura, fasziniert hat. Der Anlass des Gesprächs war die große Chaplin-Retrospektive in Berlin, bei der alle seine Filme zu sehen waren, also war es naheliegend, über ihren Vater zu reden. Ich war ziemlich aufgeregt, schließlich drückte ich einem Mitglied der Chaplin-Familie die Hand, und zwar dem nach Charlie prominentesten. Geraldine erwies sich bei der schönen Begegnung als reizende, sehr lebendige und offene Dame mit britischer Höflichkeit. Sie sprach gern und liebevoll über ihren Vater. Natürlich gab es auch in dieser Vater-Tochter-Beziehung Zeiten der Krise und Rebellion, doch die lagen weit zurück. Sie hatte längst ihren Frieden mit ihm gemacht und gab unumwunden zu, wie viel sie ihm verdanke. Überall wo sie erscheine und ihren Namen nenne, leuchte ein glückliches Lächeln auf den Gesichtern der Menschen, erzählte sie mir. Er habe ihr viele Türen geöffnet, jeder scheint etwas Beglückendes mit ihm zu verbinden, jeder scheint ihn zu lieben. Auf meine Nachfrage, ob es nicht manchmal doch erdrückend gewesen sei, überall die Tochter dieses Mythos zu sein, konnte sie nur herzhaft lachen: „Give me a break, it´s Charlie Chaplin!“

Glück ist Ostsee, wo es nichts zu sehen gibt und man doch immer nur guckt.

@LeaStreisand, radioeins Hörerin

„MASSACHUSETTS MACHT MICH NICHT UNBEDINGT GLÜCKLICH"

Tagesschau-Sprecherin
LINDA ZERVAKIS
im Gespräch mit den radioeins Moderatoren Tom Böttcher und Marco Seiffert

Böttcher: Sie haben etwas ganz besonderes geschafft: Sie sind die erste Tagesschau-Sprecherin, deren Eltern als Gastarbeiter nach Deutschland kamen. Wir wissen, Sie haben hart dafür gearbeitet, aber war auch ein bisschen Glück dabei?

ZERVAKIS: Ja, sonst würde ich jetzt nicht hier sitzen. Meine Eltern waren Gastarbeiter; die hatten nicht sooo viele Kontakte in die Medien oder zu anderen großen Persönlichkeiten, so dass man sagen könnte: „Sie ist da nur über Beziehungen reingekommen." Das war schon ein mühseliger Weg. Ich vergleiche mich da immer gerne mit einem kleinen griechischen Esel, der nach und nach seinen Weg geht, um irgendwann den Berg zu erklimmen. Es war zum Teil anstrengend, aber ich habe dabei auch schöne Erfahrungen gemacht – das mag vielleicht auch an meiner Einstellung liegen: Ich arbeite nämlich gerne.

Seiffert: Was ist für Sie überhaupt Glück? Können Sie das benennen?

ZERVAKIS: Schwierig, da habe ich das Studium nicht weiterverfolgt (lacht) ... Aber ich würde sagen, das sind Momente, in denen man sich gut fühlt und frei. Es kann sein, dass ich mich über irgendetwas schlapp lache und dabei total viele Endorphine produziere. Es kann auch ein gutes Essen sein, über das ich danach denke: Wow, das war super! Es können mehrere Momente am Tag sein, die mich glücklich machen. Das heißt natürlich nicht, dass mir das immer einfach gelingt. Ich habe auch Momente, zum Beispiel wenn mir jemand einen Parkplatz wegnimmt, in denen ich mich ärgere und denke: Wo ist denn JETZT bitte das Glück abgeblieben? Aber im Grunde geht es um eine positive Grundeinstellung zum Leben – und wenn man die hat, kann man das Glück auch erfahren.

Böttcher: Sie stoppen mich, wenn es zu privat wird: Welches war der glücklichste Moment in ihrem bisherigen Leben?

ZERVAKIS: Das war eindeutig die Geburt meines Sohnes. Ich glaube, wenn man Mami geworden ist, ist das die Standardantwort. Das hätte ich nie für möglich gehalten, aber das war auf jeden Fall der glücklichste Moment.

Seiffert: Ganz viele hacken wegen der Eurokrise auf den Griechen rum. Wie geht man in Griechenland aus Ihrer Sicht mit dem Unglück um?

ZERVAKIS: Unterschiedlich. Das kommt drauf an, auf welcher Seite man steht. Wenn man viel Geld immer schön am Staat vorbeigeschafft hat, dann ist man wahrscheinlich immer noch sehr glücklich, dass einem keiner auf die Schliche gekommen ist. Wenn man aber jahrelang gebuckelt und Steuern gezahlt hat und jetzt zusehen muss, wie man durchs Leben kommt, dann ist es wahrscheinlich schwieriger, mit dem Glück umzugehen … Oder mit dem Unglück, in diesem Fall.

Böttcher: Wann immer ich Sie sehe, sind Sie im Tageschau-Studio. Hatten Sie so etwas wie einen glücklichsten oder unglücklichsten Moment im Studio?

ZERVAKIS: Das kommt immer auf die Wörter an, die mir da eingebaut werden. Also „Massachusetts" macht mich nicht unbedingt glücklich. Da weiß ich schon: Das könnte ein kniffliger Moment werden. Und wenn man müde ist, kann auch „Vaterschaftstest" unschön sein.

Seiffert: Da muss man durch, oder? Oder gibt es Umschreibungen?

ZERVAKIS: Nee, „Vaterschaftstest" – da kommt man nicht drum herum. Da müsste man sehr viele Nebensätze einbauen. Ich weiß nicht, ob man da mit einer Viertelstunde noch hinkommen würde.

Böttcher: Und was wäre in Zukunft Ihr größtes Glück?

ZERVAKIS: Wenn man die Tagesschau liest, dann ist man ja eher mit schlechten Nachrichten konfrontiert. Es geht ganz viel um Kriege und so weiter. Man fragt sich dann immer: Kann das eigentlich sein? Leben wir wirklich zur gleichen Zeit in der gleichen Welt? Und dann dieser Religionshass untereinander: Wenn der sich irgendwann mal entspannen würde, da wäre ich schon ziemlich glücklich.

Foto oben: © Thomas Schmidt // Foto links unten: © Erhard Klingbeil
Fotos Mitte und rechts unten: © Roy Brüggemann

Fotos auf dieser Seite: © Roy Brüggemann // Fotos unten links und rechts: © Erhard Klingenbeil

GLÜCKSFALL

FRAUKE OPPENBERG
moderiert wochentags von
19 bis 21 Uhr radioeins live
aus dem Admiralspalast
(Foto: © Jim Rakete)

Als ich ungefähr sieben Jahre alt war, fiel ich von einem Apfelbaum. Wir hatten mit einer Clique aus der Nachbarschaft eine Baumbude darauf gebaut. Es gab mehrere Ebenen aus verschieden großen Brettern, Balken und einem alten Türblatt, die über zwei Äste genagelt waren. Ich saß ganz oben auf einer schmalen Latte und hielt Ausschau nach Imke. Sie wollte an diesem heißen Sommertag etwas zu trinken holen, und ich hatte wahnsinnigen Durst. Als ich sie von Weitem kommen sah, wollte ich schnell runterklettern, drehte mich auf der schmalen Planke etwas zu hastig, griff nach einem Ast, fasste ins Leere und fiel kopfüber etwa zwei Meter in die Tiefe. Auf meinem Weg nach unten riss mir ein abgebrochener Ast das rechte Augenlid auf, und ich landete auf meinem Rücken, knapp neben einem Haufen Ziegel, die wir am Baumstamm aufgeschichtet hatten, um damit wer weiß was noch zu tun. Erst konnte ich mich überhaupt nicht bewegen. Meine Freunde mussten mich auf einem Kettcar nach Hause schieben. Aber ich hatte mir nichts gebrochen. Gar nichts. Und die Wunde über meinem Auge blutete nur ein wenig. „Da hast du aber Glück gehabt“, war der Satz, den ich an dem Tag und an den folgenden am häufigsten gehört habe. Wäre ich nur ein paar Zentimeter weiter rechts oder links gefallen, hätte mir der Ast das Auge ausgerissen und der Steinhaufen das Rückgrat zerschmettert. Ich hätte fortan einäugig in einem Rollstuhl gesessen. Mein Glück war ein Unglück, das nicht passiert war. Und dieses Glück habe ich fast jeden Tag aufs Neue.

Glück ist nicht, das zu haben, was man will, sondern das zu wollen, was man bereits hat.

Nino Grüttke, radioeins Hörer

DIE TOP TEN MEINER GLÜCKSMOMENTE BEIM SPORT

TOM BÖTTCHER

moderiert gemeinsam mit Marco Seiffert den „Schönen Morgen“ auf radioeins (Foto: © Jim Rakete)

01 | Meine Lieblings-Fußballmannschaft HSV wird 1979 Deutscher Meister, und ich kaufe mir die Single: „Wer ist Deutscher Meister? (H-H-H-HSV!)“

02 | Ich besuche meine Lieblings-Fußballmannschaft auf dem Trainingsgelände in Ochsenzoll. Auf einer DIN-A4-Pappe sammele ich alle Autogramme, von Keegan, Magath und meinem Helden Manni Kaltz.

03 | An Kaltz kommt nur noch Zinedine Zidane heran. Von daher großes Glück nicht nur für die Franzosen, sondern auch für mich, als Frankreich dank Zidane 1998 Fußball-Weltmeister wird. Zidane war ein Künstler!

04 | Samstagnachmittags als kleiner Fußballfan mit einer großen Schachtel Gummibärchen bei der Bundesliga-Konferenz im Radio. Alle Statistiken schreibe ich direkt in meinen dicken Bundesliga-Ordner – ich Freak.

05 | Mit 14 Jahren wegen der unglaublichen Körperlänge von fast 1,90 Meter zum Basketball-Probetraining beim populären DTV Charlottenburg eingeladen. Komplett ungewohnte Verausgabung. Nach dem Training zunächst glücklich, überlebt zu haben. Später dann noch glücklicher, als ich endlich aufhöre zu kotzen.

06 | Nachdem es mit der ganz großen Basketballkarriere wegen fehlender Belastbarkeit nichts wird, der Aufstieg in die Landesliga mit der 3. Mannschaft des VfB Hermsdorf. Mit der drittbesten Mannschaft meines Vereins also hoch in die drittschlechteste Liga.

07 | Seit vielen, vielen Jahren Fan – 1997 dann endlich die erste Meisterschaft meines Lieblings-Basketballvereins Alba in Bonn. Albas Co-Trainer bietet spontan an, mir vor Freude eine Glatze zu scheren. Ich lehne dankend ab.

08 | Die vielen Nächte in den Neunzigern mit den NBA-Meisterschaften der Chicago Bulls. Michael Jordan, der beste Sportler aller Zeiten.

09 | Mit radioeins bei Olympia 2012 in London. Die Briten vor den Spielen noch sehr unterkühlt und humorlos, dann aber feiern sie mit uns eine Riesenparty. In der vielleicht schönsten Metropole überhaupt – ein Traum!

10 | Ganz zum Schluss noch mal ganz großes Glück für mich: Jede einzelne Niederlage des grusligen FC Bayern München – und sei sie auch noch so unbedeutend.

Glück ist, wenn du dir ein Haus kaufst und irgendwann merkst, dass deine Nachbarn zu deinen Freunden geworden sind.

Dirk Tannert, radioeins Hörer

SO VIEL GLÜCK

Das Gesicht im Haar der Liebsten
Aufstehen können (nichts tut weh)
Kaffee
Das Kind, das lacht

Sonne am Himmel
Keinen Hunger
Eine Arbeit haben
Gehen

Tochterhaar im Gegenlicht
Freunde
Parmesan auf Pilzrisotto
Kaffee nach dem Mittagessen

Briefe an die Liebste schreiben
Briefe von der Liebsten
Eine SMS
Herzklopfen haben

Tee gegen fünf
Abendbrot mit Apfel
Pauline Klavierspielen hören
Tanzen

Seine Meinung sagen dürfen
Nicht in den Krieg, niemanden umbringen müssen
Nachhause kommen
Einschlafen können.

DAVID WAGNER
veröffentlichte zuletzt den Roman „Leben" (Rowohlt Verlag, ausgezeichnet mit dem Preis der Leipziger Buchmesse 2013) und die Berlin-Essays „Mauerpark", Verbrecher Verlag. Bei den „Literaturagenten" auf radioeins stellt er regelmäßig ein aktuelles Lieblingsbuch vor. (Foto: © David Wagner)

GLÜCK DES ERFOLGS – ERFOLG DES GLÜCKS?

FLORIAN SCHROEDER

Kabarettist, ist mit seiner Kolumne „Einfach Schroeder!" jeden Dienstag im „Schönen Morgen" auf radioeins zu hören

Stellen wir uns vor, ein Top-Fußballverein hat einen neuen Spieler eingekauft. Die Manager haben die marktübliche zehn- bis vierzehnstellige Transfersumme bezahlt. Entsprechend hoch sind die Erwartungen. Im ersten Spiel, es ist ein Freundschaftsspiel, schießt der Neue auf Anhieb zwei Tore. Die Begeisterung ist groß, der Trainer jubelt, die Funktionäre sitzen zufrieden auf ihren Bänken und schaukeln sich gegenseitig die Eier. Nach dem Spiel stürzen sich alle auf den neuen Mann, um ihn zu hätscheln und zu tätscheln und ihn über den grünen Klee hoch hinaus in den Himmel zu loben. Der Spieler ist euphorisiert, hält sich für den Größten, Geilsten und Gigantischsten, geht müde nach Hause und legt noch einen Zwischenstopp in seiner Stammkneipe ein, um mit ein paar Kumpels auf den Tag anzustoßen.

Wenige Tage später ist das erste reguläre Spiel der neuen Saison. Der Spieler ist genauso motiviert, und wir können davon ausgehen, dass er sich erneut entschieden hat, sein Bestes zu geben. Dieses Mal schießt er aber kein einziges Tor und sieht eine gelbe Karte wegen eines Fouls. Die Enttäuschung ist groß, der Trainer brüllt, die Funktionäre überlegen, ob sie sich mit dem vierzehnstelligen Transfer haben über den Tisch ziehen lassen und ob die neunstellige Summe vielleicht auch gereicht hätte, weil der Spieler im Grunde nur ein Ersatzbankschnäppchen ist – kurz: Die Stimmung ist mies. Die Journaille bereitet schon in der Halbzeitpause die ersten Schlagzeilen vor: „Wahnsinnsenttäuschung! Ist ER am Ende, noch bevor er angefangen hat?" Aufgeregte Redaktionsleiter schicken Reporter in die entlegendsten Winkel der Erde, um zu recherchieren, was los ist.

Der Trainer entscheidet sich, den Spieler nie wieder zu loben, obwohl er doch gerade noch im neuen Powerratgeber „Strafe nicht, lobe!" gelesen hat, dass es besser ist, Leistungssteigerungen zu preisen, als Fehler zu bestrafen. Beim nächsten Mal, denkt der Trainer vor sich hin, gibt es wieder einen Rudi-Völler-Rüffel, eine Ansprache mit Schmackes, nicht diese verweichlichte Metrosexuellen-Lobhudelei, die sich auch in dieser letzten Bastion der Männlichkeit niveamäßig über alles cremt.

Als ein Journalist den US-Psychologen und Wirtschaftsnobelpreisträger Daniel Kahneman nach seiner mathematischen Lieblingsgleichung fragte, sagte er:
„Erfolg = Talent + Glück.
Großer Erfolg = ein wenig mehr Talent + viel Glück".
Der Spieler, der im ersten Spiel zwei Tore schießt, wird im zweiten kaum noch einmal zwei oder mehr schießen, seine Leistung wird sehr wahrscheinlich darunter liegen. Alles andere ist Doping. Im Grunde steckt der Fußballer in jedem von uns: Die Suche nach der Ursache für Erfolg und Misserfolg kann sich der Wahrheit immer nur annähern, aber es bleibt stets ein nicht ganz aufgehender Rest, der nicht zu erklären ist, der Faktor des Glücks. Der aber ist in unserem kausalen Denken nicht vorgesehen, und so wird analysiert und hinterfragt, Sekunden werden auseinandergenommen und wieder zusammengesetzt, statt eine einfache Regel gelten zu lassen: Ein erfolgreicher Fußballer in Spiel eins wird in Spiel zwei weniger erfolgreich sein, und ein lahmer Spieler in Spiel eins wird im zweiten sehr wahrscheinlich erfolgreicher sein. Und das ist dann, bei allem Willen zum Erfolg, einfach nur Glück, das wir so schwer gelten lassen können, weil es so schwer erklärbar ist.
Weil unser Gehirn aber für Geschichten gemacht ist, suchen wir nach Zusammenhängen, Begründungen und Relationen. Die bloße Erklärung ohne Ursache, so richtig sie auch sein mag, lässt uns unzufrieden zurück. Eine ganze Industrie lebt von diesem Umstand: Vom halbseriösen Journalismus bis zur scheinbar unendlichen Horde halbseidener Experten erfinden täglich Menschen Geschichten, weil wir sie hören wollen, weil wir einordnen und verstehen wollen, statt das Glück für sich sprechen zu lassen. Ein Reporter, der die simple Wahrheit sagen würde: „Der Spieler war heute schlechter, weil er gestern besser war", wäre zwar näher an der Wirklichkeit, aber schneller weg vom Schreibtisch.

10 SONGS

DIE VOM UNGLÜCK ERZÄHLEN

UND TROTZDEM ODER GERADE DESHALB

GLÜCKLICH MACHEN

01 | JEFF BUCKLEY: Lover, You Should've Come Over
Vom einsamen Buckley-Album, danach nahm ihn der Mississippi mit. In der Mitte des Albums angekommen, nach Abschiedsschmerz und Hallelujah, ein kurzer Moment des Aufbäumens. Ach, wärst Du doch nur rübergekommen, im richtigen Moment. Der Gesang füllt alles aus und reißt einen mit. Was für ein Strom (leider)! Mit Tretorgel und Orgel.

02 | BOB DYLAN: Boots Of Spanish Leather
Wieder Wasser. Dieses Mal Meer. Auf der anderen Seite, aus Barcelona, schreibt sie: Ich komme nie zurück. Dann, antwortet er, schick mir wenigstens ein paar gute Schuhe aus spanischem Leder. Bob ist 23, aber das Poetenherz läuft schon über. Nur Gitarre, keine Orgel.

03 | AL GAFFA: Barcelona
Noch mal Barcelona, dieses Mal gelebt und nicht fantasiert: Acht Minuten Jazz mit südeuropäischer Temperatur. Ein Thema, das sofort fängt, Improvisationen, die immer Melodien suchen. Das Geschenk eines Freundes – als es ihm einmal richtig schlecht ging, warf er das Album und fast alles, was mit Musik zu tun hatte, weg. Ein wieder gefundener Schatz. Mit E-Piano.

04 | JANIS JOPLIN: A Woman Left Lonely
Als Kind konnte ich mich nicht an ihr satt sehen: Mit roter Hose, Klunkern und rosa Federboa fläzt sie sich aufs Sofa. War das wirklich die Frau zur Stimme? Konnte die wirklich so singen? Als Frau? Und in welcher Kirche stand diese Orgel? Mit Orgelorgel.

05 | SAVAGE ROSE: Byen vågner
Geschrieben für das königliche Ballett in Kopenhagen. Die vertonte Apokalypse. Doch alle Angst verfliegt, wenn mein Papa den Orchestergraben dirigiert und die Luftorgel spielt. Mit Orgel vom fantastischen Anders Koppel.

STEEN LORENZEN

lässt immer sonntags ab 20 Uhr
in der Sendung „Rekorder"
die Highlights der vergangenen
Musikwoche Revue passieren

06 | TALK TALK: After The Flood

Auch hier steht einem das Wasser bis zum Hals. Ein langsamer Untergang – oder kann man sich an den stoischen Sticks von Lee Harris festhalten? Nein? Dann bleibt nur mitschwimmen, sich tragen lassen von Mark Hollis. Der sitzt an der ewig wabernden Orgel.

07 | BLUMFELD: So lebe Ich

So umfassend und detailreich, so schlau und emotional, so hoffnungslos und doch mit letzter Hoffnung geschrieben, so hart und so weich, so einzigartig und doch kein Einzelfall. Mit Glockenspiel und Streichern.

08 | BJÖRK: Hunter

Sie lauert hinter dem Hügel aus Steinen. Feen und Trolle könnten hier wohnen. Doch gerade, als du dich vom Rhythmus und den *Uuuuuuuuubbbbbbbs* hast hypnotisieren lassen, weckt sie dich: Ich dachte, ich könnte die Freiheit organisieren, wie skandinavisch von mir! Das kann einem nur eine Isländerin mit auf den Weg geben. Ohne Orgel.

09 | JAMES BLAKE: Limit To Your Love

Über die Grenzen der Liebe. Der Song, im Original auch schon gemächlich, kommt hier fast zum Stillstand. Man neigt dazu, in den Himmel zu schauen, wenn man die Stimme hört. Die Bässe sorgen dafür, dass man an die Erdanziehungskraft erinnert wird. Mit Piano piano.

10 | THE BEATLES: The Long And Winding Road

Am Besten in der nackten Version. Ein Abgesang auf das große Popquartett. Sentimental? Ja. Aber groß. Das Schnappen der Hi-Hat, die heranrollende Orgel, das kleine singende Solo. Mit Paul am Piano und Billy Preston an der Orgel.

DREIZEHN

THOMAS WOSCH
moderiert auf radioeins den Nachmittag von 16 – 19 Uhr und freitags „Die Schöne Woche“
(Foto: © rbb / Jenny Sieboldt)

Pachelbel, der Kanon in D Major. An einem Sonntagmorgen geht nichts über Barockmusik. Feierlich und pastoral poliert Barockmusik das Sonntagsgefühl, die klare Struktur rückt einem das Hirn zurecht, löscht Irrungen und Wirrungen eines Samstagabends aus dem Datenspeicher und räumt auf der Festplatte auf. Der Kratzer auf meiner Pachelbel-CD, der die Aufnahme nach exakt 20 Minuten und 21 Sekunden stoppt, erinnert an die Fehlbarkeit des Menschen im Allgemeinen und die Tatsache, dass ich ein schlampiger Hund bin im Besonderen.
Meine Frau schläft noch und ich decke unseren Frühstückstisch, einen Biedermeiertisch, den ich mir von meinem ersten Referendariatsgehalt gekauft habe. Ich freue mich jetzt seit über zwanzig Jahren jedes Mal, wenn ich den Tisch sehe. Man kann ihn auseinanderziehen und eine Zusatzplatte einsetzen. Das war mir wichtig damals, als ich ihn gekauft habe, falls wir mal Kinder bekommen sollten. Aus der Zusatzplatte habe ich vor ein paar Jahren so eine Art großes Tablett gebaut, mit dem man im Bett frühstücken kann.
Ich erhitze den Ofen, um Brötchen aufzubacken. Auf einmal riecht es nach Pizza. In der Tat liegt noch ein halbes Blech von gestern im Ofen. Ich nehme mir ein Stück und setze mich mit der SZ vom Wochenende und einer Tasse Tee auf die Terrasse und schaue zu, wie der Wind gelbe Blätter von dem Baum unseres Nachbarn in unseren Garten weht. Ich verbiete mir kleinkarierte Gedanken diesbezüglich und nippe interessiert an meinem Tee. Ich habe keinerlei Routine, was das Kochen von Tee anbelangt. Jede Tasse schmeckt anders, diese hier zum Beispiel grauenhaft. Ich stelle die Tasse weg und massiere meine Schläfen. Ich habe einen klitzekleinen Kater und einen großen, schlecht erzogenen Hund, einen

einjährigen Labrador namens Doc, der gerade mit unglaublicher Begeisterung meine Zeitung zerfetzt.
Mir bleiben nur die Kleinanzeigen, und die kenne ich schon. Ich lese gerne Kleinanzeigen, markiere mir skurrile oder interessante Inserate, um sie dann meiner Frau vorzulesen: Der ehemalige VW Passat von Joachim Gauck wird angeboten, zwei junge naturgeile polnische Stricher machen auch Hausbesuche. Meine Frau schleicht um die Ecke und löst sich in der Küche eine Aspirin auf. Scheinbar haben wir es gestern wirklich ein wenig übertrieben.
Nach exakt 20 Minuten und 21 Sekunden Pachelbel hängt die CD. Zeit für die Sonntagsmusik meiner Frau: Astrud Gilberto singt „Agua de Beber", und meine Frau setzt sich auf meinen Schoß, küsst mich auf die Stirn, dann auf meine Augen, sie küsst mir die Hände, dann greift sie sich die Tasse und nippt an dem Tee, spuckt aus, trifft Doc, der Blödian denkt, wir wollen spielen, findet es lustig, wir auch. Doc macht eigenartige Bocksprünge, wir lachen. Oben im Badezimmer wird die Dusche aufgedreht. Scheinbar ist einer der beiden polnischen Stricher wach geworden. Meine Frau schaut mich gespielt ertappt an, lacht dann weiter und wirkt unheimlich schön und glücklich in diesem Moment. Ich empfinde so etwas wie Dankbarkeit, Zufriedenheit, aber Glück?
Glücklich war ich das letzte Mal mit dreizehn.

Glücklich war ich das letzte Mal mit dreizehn.

Es war der erste Tag der großen Ferien, ich bin mit dem Fahrrad auf dem Rückweg von meinem Freund Langi den Inninger Berg runtergefahren und hatte den Rucksack voller Lucky Luke-Hefte, die mir Langi für die großen Ferien ausgeliehen hatte.
Ich freute mich auf den Abend. Meine Eltern und meine große Schwester wollten abends auf einen Ball gehen, ich sollte auf meine kleine Schwester aufpassen und würde deswegen an diesem Abend so viel fernsehen, wie ich wollte, und bekam darüber hinaus mein Lieblingsessen: gefüllte Paprika.
Es war einfach alles perfekt. Ich hatte nur eine 5 auf dem Zeugnis und war mir sicher, dass sich meine Schulprobleme nach den großen Ferien in Luft auflösen würden. Sabine Behringer hatte mich eingeladen, in den Sommerferien die Großwäscherei ihres Vaters zu besichtigen. Ich war schon lange in sie verliebt (drei Wochen) und ging nach dieser Einladung davon aus, dass ich in den Ferien, was Sabine Behringer anbelangte, einen guten Schritt vorankommen würde.

Meine Wachstumsschmerzen hatten seit ein paar Monaten nachgelassen, und die Streitereien mit meinem Vater verloren so langsam an Schärfe.
Alles war perfekt. Einfach perfekt! Es hätte nicht besser sein können. Es gab in diesem Moment, als sich meine Tachonadel Mitte des Inninger Berges der kritischen 50-km/h-Grenze näherte, nichts was mich gestört hätte, nichts, was hätte besser sein können.
Ich war mir sicher, dass es so bleiben würde, ja vielleicht irgendwie später sogar noch besser werden würde, zum Beispiel irgendwann mit einem Mofa, oder wenn ich wirklich mal ein nacktes Mädchen sehen könnte. Aber für den Moment war ich abgrundtief glücklich, und zwar das letzte Mal in meinem Leben.
Selbstverständlich habe ich auch danach noch öfter mal Glück empfunden, nicht zu knapp sogar. Mir war aber später schon während dieser Glücksmomente bewusst, dass das Glück nicht immer bleiben würde, dass es kommt und geht.
Nach diesem Nachmittag und den darauf folgenden großen Ferien, in denen sich herausstellte, dass Sabine Behringer eine elende Angeberin war, die jedem in der Klasse die verschiffte Großwäscherei ihres Vaters zeigen wollte, und mein Großvater starb, hat das Glück seine Unschuld verloren.
Nur der Vollständigkeit halber: Die gefüllten Paprikas waren super, die Lucky Luke-Hefte habe ich alle zurückgegeben, bis auf eines, das musste ich zahlen, da war Marmelade drauf.
Das mit dem Mofa wurde nichts, aber dafür hat das mit der Schule geklappt, und ein nacktes Mädchen hab ich dann auch irgendwann mal gesehen.
Alles in allem habe ich also ziemlich viel Glück gehabt, übrigens auch mit den beiden Strichern. Sie sind einfach gegangen, haben nichts mitgenommen und auch nichts da gelassen.

Glück ist für mich die Mischung aus Schicksal und den Zielen, die man sich setzt. Und Pech genauso.

Moritz Bleibtreu, Schauspieler

EX

MICHAEL JORDAN
radioeins Hörer

„Mensch Rinne! Ick weeß jarnich, watt ick sagen soll – kennst mir ja.
Biste wieder Erster, wa!
Nu soll ick für die Kumpels watt sagen. Hab ick vasprochen!
Weeßt ja, kommt vom Herz!
Sind ooch alle hier. Trude ooch. Die heult 'n bisschen.
Nu liegste da, hab jarnücht vorbereitet …
Unsa Straßenmeester …
Haste imma allet jewusst.
Wo wa hinmüssen, wo wa mal 'ne Stulle kriegen.
Krikt man ja ooch Hunger von die janze Tach rumlatschen. Und die janze Zeit kieken und die juten Sachen sammeln.
Weeß ick noch – anne Bude von dir. Wenn keener jekiekt hat, haste abjeräumt. Immer noch halbvolle Dosen von dett Pullawasser jefunden. Oder mal 'n Kurzen, den se vajessn ham. Ooch öfters ne schöne warme Curry von die Schlipsträger, wennse schnell wech mussten.
Muss ick jetz 'n bisschen lachen, Rinne. Fällt mir jetz ein, wie wa Kalles Geburtstach jefeiert ham. Haste imma allet jut orjanisiert, Rinne!

Sind imma alle jekommen. Allet wiede jesacht hast.
Schön gesungen ham wa. Und 'n leckeret Tröpfchen hatt'n wa.
Weeß jarnich, wie ditt wird ohne dir …
Ham wa alle noch so viel Kram, von watt wa dir bringen sollten.
Mann Rinne, watt haste denn jemacht mit die janze Kram? Haste heimlich vakooft, watt!
Warste ja ooch fast 'n feiner Herr …
Na ejal, musstest ja ooch imma für uns alle mitdenken, wa!
Jetz hab ick ja doch so viel jeredet.
Ick gloob, wir jehn jetz ma.
Die Trude is jetz mit mir. Hab ick ja ooch mal bisschen Glück, wa!
Nücht für unjut, Rinne. Du kannst ja nich mehr, wa! 'n schönen Jruss von ihr soll ick dir noch sagen! Biste ja nich sauer wegen, wa!
Na denn machs ma jut Rinne!
Wir jehn ma jetzt!"

STIMMT'S – ODER HAT ER RECHT?

CHRISTOPH DRÖSSER
klärt im „Schönen Morgen“ auf radioeins jeden Tag über die Geheimnisse des Alltags auf

Stimmt's, dass es wahrscheinlicher ist, vom Blitz erschlagen zu werden als einen Sechser im Lotto zu haben?

Diese Weisheit muss aus den Fünfzigerjahren stammen. Die Zahl der Menschen, die jährlich in Deutschland durch Lotto zu Millionären werden, hat sich nach der Euro-Einführung halbiert, es erfahren aber immer noch über hundert Menschen jedes Jahr dieses seltene Glück. Ob es ein dauerhaftes Glück ist, das ist fraglich – wir lesen ja immer wieder die Geschichten von den Gewinnern, die alles in kurzer Zeit verjubeln und dann unglücklicher sind als vorher. Aber auf jeden Fall liegt diese Zahl weit über der Zahl der Blitzopfer. Die werden akribisch vom Statistischen Bundesamt registriert und jährlich vermeldet, sogar aufgeschlüsselt nach Alter und Geschlecht. Während es vor 50 Jahren wirklich manchmal über hundert pro Jahr waren, sind es in den letzten Jahren durchschnittlich nur fünf.
Und was lernen wir daraus? Gar nichts natürlich. Die Wahrscheinlichkeit eines Lottogewinns quer über die ganze Bevölkerung anzugeben ergibt wenig Sinn – wer nicht Lotto spielt, wird wohl kaum etwas gewinnen. Und genauso ist es mit dem Blitzrisiko: Das ist vor allem deshalb zurückgegangen, weil weniger Menschen im Freien arbeiten. Wer sich an die einschlägigen Tipps hält, der darf sich ziemlich sicher fühlen.

Riesige Glücksgefühle kommen hoch, wenn die Radtour sich dem Ende zuneigt und es plötzlich bergab geht.

Peggy Schilke, radioeins Hörerin

SCHWARZBUCH: DAS GLÜCK

DIETMAR WISCHMEYER
Autor & Comedian, mit seiner satirischen Radiokolumne „Wischmeyers Schwarzbuch" ist er jeden Mittwoch im „Schönen Morgen" auf radioeins zu hören
(Foto: © Frank Wilde)

In der Sprache ist die Erfahrung von hundert Generationen aufbewahrt, manchmal auch beerdigt. Wenn sie einen Menschen, dem das Glück zuteil wird, als Pilz bezeichnet, so sollte einem das deshalb schon mal verdächtig vorkommen. Nur der Fuß ist ähnlich gebeutelt. Was aber unterscheidet den Glückspilz von der Interdigitalmykose? Das Glück ist flüchtig, ganz im Gegensatz zu seinem Vetter in den Zehenzwischenräumen. Tauschte man die beiden – wäre uns also statt nicht weichen wollendem Fußpilz das Glück ewig hold –, könnten wir dann glücklicher sein? Eben nicht: Während uns der kleine Freund im feuchtwarmen Biotop der Polyacrylsocke ein Leben lang mit immer wieder neuem Juckreiz versorgt, unterliegt die Glückserfahrung einer gewissen Ermüdung, wenn sie zu oft geschieht. Sechs Richtige plus Zusatzzahl zehnmal in Folge, wen würde das nicht abstumpfen? Auch die dritte Ehe mit einem Supermodel ist nicht mehr ganz so prickelnd wie die erste. Wir notieren als erste These:

Die Beständigkeit des Glückes in Abhängigkeit zum Herbeisehnen ist umgekehrt proportional zu der des Fußpilzes.

Wenn man davon spricht, dass jemand „Glück gehabt hat", so sagt die Sprache nicht, dass derjenige z.B. die schärfste Frau des Dorfes „abgekriegt" hat, sondern dass er trotz „Braten-in-die-Röhre-Einschubs" bei der schrappigsten Tochter an einer Heirat so eben noch vorbeigeschrammt ist. Dieses unverhoffte Glück wurde ihm zuteil, weil er direkt vor der Kirche von einem Dachziegel so unappetitlich im Gesicht getroffen wurde, dass es wohl auf ewig entstellt bleibt. Selbstredend verzichtete die Braut stante pede darauf, ihr Leben an der Seite Quasimodos zu führen. Haben jetzt eigentlich beide Glück gehabt oder Pech? Nein, es nennt sich „Glück im Unglück“ und ist oft befriedigender als das „Glück an sich“. Wenn sich ein Dachziegel löst und direkt neben einem niederschlägt und man selber bleibt unverletzt, so hat man auch „Glück gehabt“ – nur nicht immer (s.o.). Unsere zweite These lautet deshalb:

Das Glück ist relativ, der Tod ist absolut. Wie kann es da ein glückliches Leben geben?

Hier zeigt das Glück seine ganz besonders hässliche Fratze

Bevor wir überprüfen, ob es da nicht doch eine Lösung gibt, möchte ich auf eine spezielle Form der Pechvermeidung hinweisen, die auch mit dem Glück verbunden ist: Fahre ich mit 140 durch eine Ortschaft oder parke tagelang im absoluten Halteverbot und werde nicht erwischt, dann „habe ich Schwein gehabt“, also Glück als Abwesenheit nicht von Pech, sondern völlig gerechtfertigter Bestrafung. An wenigem hat der Mensch ja soviel Spaß, wie bei Gesetzesübertretungen nicht ertappt zu werden: Geschwindigkeitsüberschreitungen, Schwarzarbeit, Sozialbetrug, Steuerhinterziehung sind des kleinen Mannes stille Freuden. Doch wehe jemand hinterzieht in Millionenhöhe dem Fiskus die Penunzen, dann ist die Empörung groß, denn der scheinheilige Stinkstiefel ahnt, dass hier sein eigenes kleines schmutziges Paradies gefährdet ist. Vorsichtig formuliert kommt hier die dritte These zum Glück:

Nicht von einem herabfallenden Goldbarren getroffen zu werden, ist ein Stück vom Glück. Den Goldbarren dann eingesteckt zu haben und nicht erwischt zu werden – ein weit größeres Stück.

Um dem Glück jetzt endgültig den Nimbus des Erstrebenswerten zu rauben, weise ich auf seine abgeschmackteste Form hin: In Sri Lanka schwappt der Tsunami über den Strand, reißt Tausende mit sich in den Tod, nur Familie Katzmarek bleibt verschont, weil sie zum Scheißen in die deutsche Botschaft fuhr, der Hygiene wegen: Glück gehabt. Wobei jetzt nicht die hygienisch einwandfrei abgeseilte Analfrucht den größten Teil der Glückserfahrung ausmachte, sondern der zeitgleiche tausendfache Tod der anderen. Hier zeigt das Glück seine ganz besonders hässliche Fratze. Eine spezifisch deutsche Form des Glücksempfinden als wohliges Gruseln am entgangenen Pech ist die Massenkarambolage auf der Autobahn. Sich förmlich einnässend vor klammheimlicher Freude berichtet Vattern von den vierzig Toten auf der A7 Höhe Drispenstedt am Sonntag – und jetzt kommt's, genau da sei er eine Woche vorher auch hergefahren, mithin haarscharf dem Tod entronnen. Wie beschämend grau muss das Leben sein, wenn einem dieses Konstrukt schon reicht, um sich daran aufzugeilen. Wir wagen die erste Schlussfolgerung:

Glück lebt von der Differenzwahrnehmung. Nur wenn etwas gleichzeitig bei anderen oder zeitlich getrennt bei einem selber möglichst maximal scheiße war, wächst daran das Glücksempfinden.

Daraus folgt, dass es das absolute Glück schon aus Prinzip nicht geben kann, da Glück allein gar nichts ist.

Was berichtet uns der Volksmund noch zum Thema? „Das höchste Glück der Erde liegt auf dem Rücken der Pferde?" Das klingt zwar auch etwas sehr herbeigeholt, hat aber gegenüber allen anderen Glückslabereien den Vorteil, die Sache nicht allzu hoch aufzuhängen.

Bleibt zum Schluss noch der Frage nachzugehen, ob es so was wie ein „glückliches Leben" geben kann. Nein, aber es gibt ein „geglücktes Leben", und wem es gelingt, die Fährnisse des Lebens erfolgreich zu umschiffen, der „hat Glück gehabt".

Das richtig Gemeine am „Glücklichsein" ist jedoch, man weiß erst, dass man's war, wenn's vorbei ist.

Schöne Scheiße!!!